KB219659

(故)이병철 회장의 24가지 질문
(영으로 기록한 답변서)

이 책은 故이병철 회장의 질문을 통해서
지금까지 성경 속에 감추어져 있던 영적인 비밀들과
하나님의 비밀들을 모두 드러내고 있습니다.
그러므로 오늘날 천주교인들과 기독교인들이
故이병철 회장의 질문에 대한 영으로 기록한 답변서를 읽어 보신다면
지금까지 성경 속에 감추어져 있던
영적인 세계를 알게 될 것이며
신앙생활에도 많은 도움이 될 것입니다.

글 · 둘로스 데우 · C / 시 . 이명자

진리의 샘터 의증서원

(故)이병철 회장의 24가지 질문

(영으로 기록한 답변서)

목 차

머리글

  사람들은 이 세상을 살아가면서 많은 의문(疑問)들을 가지고 살아가고 있습니다. 왜냐하면 이 세상에는 불가사의(不可思議)한 일로부터 시작해서 인간들이 알 수 없는 일들이 수도 없이 많기 때문입니다. 특히 하나님의 세계, 즉 영적(靈的)인 하나님의 나라는 육신(肉身)에 속한 인간들이 알수 없고 볼 수도 없는 세계이기 때문에 더욱 그렇습니다. 때문에 오늘날 천주교인들이나 기독교인들이 성경(聖經)을 보고 말씀을 들으면서 신앙생활(信仰生活)을 하지만 하나님이 계신 영(靈)의 세계는 지금도 베일에 가려있어 알 수가 없는 것입니다. 예를 들면 기독교인들이 죽어서 간다는 천국(天國)과 지옥(地獄) 그리고 세상의 종말(終末)과 주님이 재림(再臨)하시는 날 등입니다.

  이것은 마치 바다 속에 살고 있는 물고기들은 육지(陸地)에서 살고 있는 동물의 세계를 알 수 없고 깊은 산속에서 살고 있는 짐승들은 인간들의 세계를 알 수 없는 것과 같습니다. 이렇게 하나님의 생명으로 거듭나지 못한 인간들은 영의 세계를 알 수 없는 것입니다. 때문에 예수님께서 이스라엘 백성들을 가르치는 선생인 니고데모에게 네가 물과 성령(聖靈)으로 거듭나지 아니하면 하나님의 나라를 볼 수 없다고 말씀하신 것입니다. 이렇게 하나님이 계신 영(靈)의 세계는 예수님이나 사도들 그리고 오늘날 하나님의 생명으로 거듭난 하나님의 아들들만이 볼 수 있고 알 수 있는 것입니다.

때문에 이병철회장님은 생(生)을 마감하면서 지금까지 알 수 없었던 일들과 신앙생활(信仰生活)을 하면서 그동안 궁금하고 의문(疑問)에 쌓여있던 문제들을 종합(綜合)하여 신부님께 질문(質問)을 하게 된 것입니다. 그런데 신부님이나 목사님이라 해도 아직 하나님의 아들로 거듭나지 못한 분들은 신학교(神學校)에서 배운 지식(知識)이나 상식(常識)으로 답변은 할 수 있으나 진정한 영(靈)의 세계는 답변할 수가 없는 것입니다. 그런데 만일 예수님이나 사도들이 지금 오셔서 기독교인이나 천주교인들에게 영(靈)의 세계를 말해준다 해도 아직 육신(肉身)에 속해있다면 영(靈)의 말씀을 이해(理解)하지 못하는 것은 물론 들을 수조차 없다는 것입니다.

그러므로 이 질문들을 영적(靈的)으로 풀이하여 자세히 답변을 한다 해도 보고 듣는데 많은 어려움이 있을 것이라 생각합니다. 그러나 여기에 기록된 영적(靈的)인 말씀들을 오늘날 하나님이 주시는 말씀으로 믿고 기도하면서 청종(聽從)을 한다면 많은 부분이 이해(理解)가 될 뿐만 아니라 그동안 성경(聖經) 속에 감추어져 있던 수많은 영적(靈的)인 비밀들을 알게 될 것입니다.

둘로스 데우. C

영혼의 메아리

그대 진실한
영혼의 메아리가
내 가슴에 울려오네

언제나
그대와 내가
사랑으로 하나가 되어
그리움을 잊을까

사랑 안에 함께 거할 때까지
그 날이 속히 오기까지
오래 참고 기다리리

영혼의 입맞춤으로 하나가 되어지는 날
그리움도 기다림도 없는
평안한 안식에서
영원히 함께 살게 되리라

서론

서론

　삼성의 창업주(創業主) 이병철회장이 타계(他界)하기 전 천주교 신부(神父)에게 전달했던 24가지 질문지(質問紙)가 사반세기 동안 봉인(封印)되어 있다가 이번에 매스컴을 통해서 공개(公開)되어 화제(話題)가 되고 있습니다. 이 질문지(質問紙)는 1987년 천주교의 마당발로 통하던 절두산 성당(聖堂)의 고(故) 박희봉 신부에게 전해졌는데 박 신부는 이를 카톨릭계의 대표라 할 수 있는 석학(碩學) 정의채(86년 당시 카톨릭대 교수) 몬시놀에게 전했습니다.

　정 몬시놀은 답변을 준비했고 조만간 이 회장을 직접 만날 예정이었습니다. 그런데 이회장의 지병(持病)이 악화(惡化)되어 질문의 답을 듣지 못한 채 폐암으로 타계(他界)하게 된 것입니다. 그동안 정 몬시놀이 보관하고 있던 이 질문지는 2년전 그의 제자인 차동협(인천 카톨릭대 교수) 신부에게 전달된 것입니다.

　이병철회장이 신부님에게 한 질문(質問)들은 자신이 평소에 신앙생활을 하면서 궁금하고 알 수 없었던 의문(疑問)들을 알기위해서 서신으로 질의(質疑)한 것입니다. 이회장이 질문한 24가지 내용은 천주교인은 물론 기독교인들 모두를 대표해서 질의(質疑)한 것이라 할 만큼 광범위(廣範圍)하게 그리고 자세하게 기록되어 있습니다.

이 질문들은 종교계(宗敎界)에 많은 관심사(關心事)가 되어 천주교의 차동협 신부님을 비롯해서 기독교의 목사님들이 답변서(答辯書)를 내 놓았으며 심지어 스님까지 질문에 답변한 것을 볼 수 있습니다. 그런데 이러한 답변서들을 살펴보면 질문한 내용을 충분히 파악(把握)하지 못한 상태에서 성경(聖經)이나 영적(靈的)인 면보다 다분히 신학(神學)과 철학(哲學) 그리고 과학(科學)과 윤리도덕(倫理道德)을 동원(動員)하여 답변 한 것을 볼 수 있습니다.

때문에 이 글을 보는 이로 하여금 신앙(信仰)에 도움을 주는 것 보다 오히려 혼란(混亂)을 줄 수도 있다는 것입니다. 왜냐하면 이 질문은 하나님과 성경에 대한 질문을 하고 있기 때문에 답변자는 반드시 영적(靈的)이고 성경적(聖經的)이어야 합니다. 때문에 이 질문은 어느 누군가는 반드시 십자가를 지고 성경을 통해서 영적(靈的)으로 올바른 답변을 해야 한다고 생각합니다. 왜냐하면 영(靈)과 육(肉)이 다르듯이 영적(靈的)인 답변은 육적(肉的)으로 한 답변과 많은 차이가 있기 때문입니다.

저자(著者)도 이 질문지를 성경(聖經)을 통해서 영적(靈的)으로 답변을 하기 위해 많은 고민(苦悶)을 하며 망설이다가 이 시대의 사명감(使命感)을 가지고 올바른 답(答)을 제시(提示)해보려고 결국 붓을 들게 된 것입니다.

　이 답변서(答辯書) 속에는 하나님의 진정한 뜻과 그동안 성경(聖經) 속에 감추어져 있던 수많은 영적(靈的)인 비밀들이 담겨져 있습니다. 그런데 문제는 이 글을 보시는 분들은 지금까지 가지고 있던 신앙(信仰)의 고정관념(固定觀念)을 잠시 내려놓고 청종(聽從)하셔야 한다는 것입니다. 왜냐하면 여기에 기록된 영적(靈的)인 말씀들은 지금까지 전해오는 전통신앙(傳統信仰)이나 기독교의 교리(敎理)와는 다소간(多少間)의 차이가 있기 때문입니다. 그러나 이 글을 끝까지 인내하면서 청종(聽從)하신다면 그동안 성경 속에 감추어져 있던 수많은 영적(靈的)인 비밀들을 발견하게 될 것이며 또한 신앙생활(信仰生活)에 많은 도움이 되는 것은 물론 하나님의 생명으로 거듭나는 계기(契機)가 될 것이라 생각합니다.

　저자(著者)는 이 글을 청종(聽從)하시는 모든 분들에게 하나님의 은혜(恩惠)가 충만(充滿)하시기를 하나님께 기원(祈願)하는 바입니다.

1. 神(하느님)의 存在를 어떻게 證明할 수 있나?
(신) (존재) (증명)
神은 왜 자신의 存在를 똑똑히 들어 내 보이지 않는가?

이회장님이 하나님의 존재(存在)가
불확실했다는 것은
구원(救援)이나 영생(永生)
그리고 천국(天國)의 존재여부(存在與否)도
확신(確信)할 수 없었다는
뜻입니다.

신(神)의 존재(存在)를 어떻게 증명(證明)할 수 있나?
하나님은 왜 자신의 존재(存在)를 똑똑히 드러내 보이지
않는가?

신(神)의 존재(存在)는 곧 유일(唯一)하신 하나님을 일컫
는 말입니다. 신에 대한 질문은 이 회장님뿐만 아니라 오늘
날 하나님과 예수님을 구주로 믿고 있는 기독교인들 모두
가 질문하고 싶고 알기를 원하는 것이라 생각합니다. 왜냐
하면 오늘날 기독교인들도 하나님을 믿고 예수님을 구주로
믿고 있을 뿐 하나님을 직접 보거나 만나본 사람이 없기 때
문입니다. 이 회장님 역시 평소에 하나님을 믿고 신앙생활
(信仰生活)을 하면서도 신이 존재(存在)한다는 것을 막연히
믿고 있었을 뿐 하나님의 존재(存在)를 분명히 알 수 없었
던 것입니다. 이 회장님이 하나님의 존재(存在)가 불확실했
다는 것은 구원(救援)이나 영생(永生) 그리고 천국(天國)의
존재여부(存在與否)도 확신(確信)할 수 없었다는 뜻입니다.
이 회장님은 평소에 신앙생활(信仰生活)을 하면서 가장 궁
금하고 알 수 없었던 것이 바로 하나님에 대한 의구심이었
습니다.
　그런데 신부님은 신의 존재(存在)를 영적으로 분명하게

드러내어 답변하지 못하고 자신의 신학(神學)적 지식(知識)과 관념(觀念)으로 답변(答辯)한 것을 볼 수 있습니다. 왜냐하면 신의 존재는 신만이 알고 신에 대하여 말할 수 있는 것이며 아직 신이 되지 못한 인간들은 신에 대하여 알 수 없고 볼 수도 없기 때문입니다. 즉 하나님에 대해서 증명할 수 있는 분은 오직 하나님의 아들이신 예수님이며 또한 그로부터 낳음을 받아 신이 된 열두 사도들이었습니다.

만일 죄인된 인간(人間)들이 하나님에 대하여 듣거나 공부를 하여 알 수 있거나 볼 수 있다면 그 하나님은 참 하나님이 아닙니다. 왜냐하면 영이신 하나님은 육의 눈으로 볼 수 없고 학문(學文)을 통해서 듣거나 공부를 하여 알 수 있는 분이 아니기 때문입니다. 그런데 오늘날 신부님이나 목사님들이 하나님에 대해서 교인(敎人)들에게 소개(紹介)도 하고 가르치기도 하고 있습니다. 그러나 신부님도 목사님도 하나님을 믿고 예수를 믿고 있는 인간이며 아직 영생(永生)에 이르지 못한 죄인(罪人)이기 때문에 하나님에 대해 알 수가 없는 것입니다.

이렇게 신부님이나 목회자들은 하나님을 단지 신학교(神學校)나 성경을 통해서 듣고 보고 공부한 것을 관념(觀念)이나 지식(知識)적으로 알고 있을 뿐 그의 실체에 대해서는 알 수가 없는 것입니다. 왜냐하면 하나님의 세계(世界)나 신의 영역은 아직 하나님의 아들로 거듭나지 못한 죄인(罪人)들은 볼 수도 없고 알 수도 없기 때문입니다. 그러므로 하나님에 대해서 증명할 수 있고 말할 수 있는 분은 신으로부터 낳음을 받아 신이 되신 예수님과 사도들 그리고 하나님의 생명(生命)으로 거듭난 하나님의 아들들입니다.

[로마서 1장 20절] 창세로부터 그의 보이지 아니하는 것들 곧 그의 영원하신 능력과 신성이 그 만드신 만물에 분명히 보여 알게 되나니 그러므로 저희가 핑계치 못할찌니라

상기에 그(하나님)의 보이지 않는 것은 곧 하나님을 말씀하고 있으며 그의 영원(永遠)하신 능력(能力)과 신성이 그(하나님)의 만드신 만물(萬物)에 분명히 보여 알게 된다는 만물(萬物)은 비유로 곧 예수님과 예수님으로부터 생명의 말씀으로 창조(創造) 받은 사도들을 말씀하고 있습니다. 이렇게 하나님은 자신을 하나님께서 창조(創造)한 하나님의 아들들을 통해서 분명히 나타내어 보여주고 계십니다. 때문에 너희는 하나님을 보지 못했다고 핑계 할 수 없다고

말씀하시는 것입니다. 이렇게 하나님은 하나님 자신을 예수님을 통해서 또한 예수님이 창조(創造)한 하나님의 아들들(사도들)을 통해서 분명히 보여 주고 계십니다. 그런데 안타깝게도 유대인들은 물론 기독교인들도 창조(創造) 받은 하나님의 아들들을 인정하지 않을 뿐만 아니라 믿지도 않고 있는 것입니다. 왜냐하면 하나님이나 하나님의 아들은 하나님의 생명(生命)으로 거듭난 하나님의 아들들만이 볼 수 있고 알 수 있는 것이며 아직 하나님의 아들로 거듭나지 못한 죄인(罪人)들은 볼 수도 알 수도 없기 때문입니다.

성경(聖經)을 보면 아직 거듭나지 못한 죄인(罪人)들은 하나님을 보면 죽게 되어 있고 하나님의 이름을 망령되이 함부로 말해도 죽게 되어 있습니다. 광야에서 이스라엘 백성들이 호렙산에 계신 하나님을 직접 보면 죽기 때문에 모세를 대신 보낸 것은 바로 이 때문입니다. 그러므로 아직 애굽교회나 광야교회에 있는 하나님의 백성(百姓)들은 하나님을 보려고 하거나 알려고 해도 안 되고 하나님의 이름을 함부로 망령되이 불러도 안 되는 것입니다. 그보다 하나님에 대해서 아직 분명히 모르는 상태에서 하나님을 증거(證據) 한다면 그 증거는 거짓증거가 되는 것입니다. 하나님에 대해서 말씀을 하고 증명할 수 있는 분은 오직 하나님의 생명(生命)으로 거듭난 하나님의 아들들입니다.

그런데 하나님의 아들(예수님)이 직접 오셔서 신에 대해서 말씀을 하고 증명(證明)한다 해도 아직 할례 받지 못한 죄인(罪人)들은 아들의 말씀을 들어도 이해 할 수가 없다는 것입니다. 왜냐하면 유대인들은 물론 예수님의 제자들도 예수님께서 하시는 말씀을 올바로 듣지 못한 것은 할례 받은 눈과 귀가 없었기 때문입니다. 그러므로 예수님께서 "내가 하는 말을 저희는 귀가 있어도 듣지 못하고 눈이 있어도 보지 못하고 마음이 있어도 깨닫지 못한다"고 말씀하신 것입니다. 때문에 지금 하나님의 아들이 오셔서 천주교인들이나 오늘날 기독교인들에게 신에 대한 말씀을 전하며 증명한다 해도 들을 귀가 없으면 들을 수가 없고 이해(理解)조차 하지 못한다는 것입니다.

그러나 이 말씀을 보고 듣는 자 중에 혹시 한사람이라도 하나님의 아들이 전하는 영의 말씀을 이해(理解)하거나 들을 수 있는 사람이 있을 수도 있다는 가정 하에 신에 대해서 말씀을 드리려고 하는 것입니다. 신은 곧 하나님을 말하며 하나님은 삼위 일체, 곧 성부하나님과 성령하나님과 성자하나님을 말씀하고 있습니다. 성부하나님은 영체(靈

體)이시며 성령하나님은 거룩한 말씀이시며 성자하나님은 말씀이 육신(肉身)이 되어 오신 하나님의 아들을 말씀하고 있습니다. 때문에 우리 인간들이 하나님을 볼 수 있고 그의 말씀을 들을 수 있는 하나님은 오직 육신(肉身)을 소유하고 계신 성자하나님 곧 예수님이십니다. 이렇게 인간의 눈으로는 볼 수 없는 성부하나님께서 인간의 몸을 입으시고 성자하나님으로 오신 것입니다.

[요한복음 1장 1절] 태초에 말씀이 계시니라 이 말씀이 하나님과 함께 계셨으니 이 말씀은 곧 하나님이시니라

[요한복음 10장 35절] 성경은 폐하지 못하나니 하나님의 말씀을 받은 사람들을 신이라 하셨거든

상기의 말씀은 말씀이 곧 하나님이라 말씀하고 있습니다. 이 말씀은 태초(아르케), 즉 성부하나님 안에 말씀이 함께 계셨기 때문에 말씀이 곧 하나님이라 말씀하시는 것입니다. 태초는 원문에 "아르케"로 기록되어 있으며 "아르케"는 태초라는 시제의 뜻도 있지만 근원, 근본, 우두머리, 최상의 뜻을 가지고 있기 때문에 원문(原文)에서 말씀하시

는 태초는 시제(時制) 보다 하나님의 근원(根源), 즉 성부하나님을 말씀하고 있습니다. 그런데 성부하나님 안에 계시던 말씀(성령)하나님이 예수님의 육신(肉身) 안에 오심으로 말미암아 예수님은 말씀이 육신(肉身) 되어 하나님의 아들이 되신 것입니다. 이렇게 말씀이 육신(肉身) 되신 예수님을 마태복음과 누가복음에는 성령(聖靈)이 잉태(孕胎)되어 예수가 태어났다고 기록(記錄)되어 있는 것입니다. 그런데 안타깝게도 이렇게 말씀이 육신(肉身) 되어 오신 성자하나님(예수님)이 하나님의 백성(百姓)들을 구원하기 위해서 유대 땅에 오셨으나 하나님의 백성(百姓)들이 예수님을 구원자로 믿거나 그의 말씀(이름)을 영접(迎接)하는 사람이 없었다는 것입니다.

[요한복음 1장 9절-12절] 참 빛 곧 세상에 와서 각 사람에게 비취는 빛이 있었나니 그가 세상에 계셨으며 세상은 그로 말미암아 지은바 되었으되 세상이 그를 알지 못하였고 자기 땅에 오매 자기 백성이 영접지 아니하였으나 영접하는 자 곧 그 이름을 믿는 자들에게는 하나님의 자녀가 되는 권세를 주셨으니 이는 혈통으로나 육정으로나 사람의 뜻으로 나지 아니하고 오직 하나님께로서 난 자들이니라

상기에서 말씀하시는 참 빛은 예수님을 말하며 세상은 하나님의 백성(百姓)들을 말하며 자기 땅은 유대 땅을 말하고 있습니다. 그런데 예수님께서 유대 땅에 하나님의 백성들을 구원(救援)하기 위하여 오셨으나 자기 백성(百姓)들이 예수님을 알아보지 못하고 영접(迎接)하지 않았다고 말씀하고 계십니다. 왜냐하면 성령(聖靈)으로 잉태(孕胎)하여 오신 하나님의 아들이 지극히 평범한 인간(人間)의 모습이었기 때문입니다. 그러나 그들 중에 예수님을 영접하는 자, 곧 그의 말씀(이름)을 믿고 받아들이는 자들은 하나님의 자녀가 되는 권세(權勢)를 주셨다고 말씀하고 있습니다. 이 말씀대로 예수님을 구원자로 믿고 그의 말씀을 듣고 영접(迎接)한 자들은 그 많은 유대인들 중에 예수님의 열두 제자들 뿐이었습니다.

　예수님의 제자들은 상기의 말씀대로 예수님을 구원(救援)자로 믿고 그의 말씀을 영접(迎接)하여 하나님의 아들로 거듭난 것입니다. 그런데 이들이 하나님의 자녀로 거듭난 것은 사람의 혈통(血統)으로나 육정(肉情)으로나 사람의 뜻으로 난 것이 아니라 오직 하나님(말씀)으로부터 낳음을 받은 자라고 말씀하고 있습니다.

이와 같이 성부하나님은 그의 아들(예수님)을 통해서 자신을 드러내어 증명(證明)하신 것이며 또한 예수님을 통해서 낳음을 받은 열두 사도들을 통해서 하나님을 드러내어 증거(證據)하신 것입니다. 때문에 예수그리스도, 즉 하나님의 아들들이 곧 하나님의 증거물들입니다. 고린도후서 4장 4절을 보면 "예수그리스도는 곧 하나님의 형상"이라고 분명하게 말씀하고 있습니다. 이렇게 하나님 자신을 예수님의 몸을 통해서 드러내셨기 때문에 예수님이 곧 하나님이며 하나님의 실체인 것입니다.

　문제는 하나님께서 예수님의 몸으로 오셨는데도 불구하고 하나님의 백성들인 유대인들은 자신들에게 오신 예수님을 보고도 몰랐다는 것입니다. 왜냐하면 유대인들이 기다리는 예수는 평범(平凡)한 인간의 몸을 입고 오시는 인간(人間)예수가 아니라 천사장의 나팔소리와 함께 구름을 타고 오시는 위대한 예수님이기 때문입니다. 이렇게 유대인들이나 오늘날 기독교인들은 하나님께서 구원자로 보내주시는 인간예수님을 모르기 때문에 이단으로 배척을 하고 핍박을 하는 것입니다.

　그러므로 "영생(永生)은 유일(唯一)하신 참 하나님과 그의 보내신 자 예수그리스도를 아는 것"이라 말씀하고 있는 것입니다. 즉 예수를 보는 것은 곧 하나님을 보는 것이며 예수를 아는 자는 곧 영생(永生)에 이른 자라는 뜻입니다. 이렇게 영생(永生)에 이르러 하나님의 아들이 되어 오신 예수님은 낳고 낳고의 역사(歷史)를 통해서 지금도 오셔서 계신데 오늘날 기독교인들은 유대인들과 같이 영안이 없어 예수를 보지 못하고 예수가 오시지 않았다고 지금도 예수를 기다리고 있는 것입니다. 그러므로 하나님을 알려면 먼저 하나님의 생명(生命)으로 거듭나 하나님의 아들로 오신 오늘날 살아계신 실존 예수를 찾아야 합니다. 그러면 오늘날 하나님의 아들을 통해서 하나님을 분명하게 알 수 있고 하나님을 직접 보고 만질 수도 있는 것입니다.

그런데 안타깝게도 영안(하나님의 눈)이 없으면 하나님을 보여 주어도 보지 못하고 하나님에 대해서 아무리 설명을 하고 증명(證明)을 해도 들을 수조차 없다는 것입니다. 이상과 같이 이 회장은 인간으로서는 도저히 알 수 없는 신에 대해서 질문을 한 것이며 신부는 신에 대해서 분명히 모르는 상태에서 신에 대해 답변(答辯)을 한 것입니다. 즉 소경은 보석을 손에 쥐고 있어도 보지 못하는 것과 같이 아직 하나님의 생명(生命)으로 거듭나지 못한 죄인들은 하나님을 알려고 하거나 하나님을 논하는 자체가 무리이며 하나님을 망령(妄靈)되이 일컫는 것입니다.

　이어지는 질문은 하나님은 왜 자신의 존재(存在)를 똑똑히 드러내 보이지 않는가? 라는 질문입니다. 이 질문은 위에서 말씀드린 바와 같이 하나님은 예전이나 오늘날이나 변함없이 하나님 자신을 하나님의 아들(예수님)을 통해서 분명하고 확실하게 그리고 똑똑하게 드러내어 보여 주고 계십니다. 단지 유대인들이나 오늘날 기독교인들이 영안이 없어 보지 못하고 있을 뿐입니다. 때문에 오늘날 기독교인들은 성부하나님을 보려고 하지 말고 오늘날 하나님의 생명(生命)으로 거듭난 하나님의 아들을 만나기 위해 구하고 찾고 두드려야 합니다. 왜냐하면 하나님의 모양(模樣)과 형상(形象)을 모두 예수그리스도, 즉 오늘날 살아계신 하나님의 아들에게 나타내셨기 때문입니다.

　문제는 안타깝게도 예수님이 지금 자신 앞에 와 계신다 해도 영안이 없으면 수가성 우물가의 여인처럼 알아 볼 수가 없다는 것입니다. 때문에 오늘날 기독교인들은 하나님께서 구원자로 보내주신 하나님의 아들들을 알아보지 못할 뿐만 아니라 예수님이 전하는 말씀이 기독교의 교리(敎理)와 다르다는 이유로 이단자로 배척(排斥)을 하면서 지금도 손오공처럼 구름타고 오신다는 예수를 기다리고 있는 것입니다. 그러나 예수님은 떠나실 때 속히 오신다는 약속대로 당시에 예수님을 찌른 자도 볼 수 있게 속히 오신 것입니다. 예수님은 당시에 제자들의 몸을 입고 속히 오셔서 모든 유대인들에게 나타내 보여주신 것입니다.

그런데 유대인들은 초림(初臨)예수도 모르고 핍박하며 죽인 것처럼 사도들 안에 재림(再臨)하여 오신 예수님을 모르고 사도들까지 이단자로 매도하여 모두 핍박(逼迫)을 하고 죽인 것입니다. 그러나 예수님의 생명(生命)은 낳고 낳고의 역사(歷史)를 통해서 지금까지 이어져 오고 있으며 따라서 오늘날도 하나님의 아들은 존재(存在)하고 있는 것입니다. 그런데 유대인들이 예수님과 사도들을 하나님의 아들로 인정하지 않고 이단자로 배척(排斥)을 한 것처럼 오늘날 기독교인들도 오늘날 살아계신 하나님의 아들을 이단자로 배척(排斥)을 하며 구름타고 다시 온다는 재림(再臨)예수만 기다리고 있는 것입니다.

그러나 이천 년동안 기다리고 있는 예수님은 앞으로 이만년을 더 기다려도 영원히 오시지 않습니다. 왜냐하면 예수님은 알파와 오메가로 예전이나 지금이나 앞으로도 항상 오셔서 계시며 지금도 우리 가운데 실존(實存) 예수로 존재(存在)하고 계시기 때문입니다. 그러므로 오늘날 기독교인들은 하나님을 보려고 애쓰지 말고 오늘날 하나님께서 구원자로 보내주신 하나님의 아들을 찾아서 그를 믿고 그의 말씀을 영접(迎接)하여 하나님의 아들로 거듭나야 합니다. 그러면 그 때 예수님도 알고 성부하나님도 분명히 알게 되는 것입니다.

예수님은 지금 여러분 가까이에 계십니다. "너희는 손님 대접하기를 즐거워하라 부지중에 천사가 왔다 갔느니라"

메시야

업은 아기 삼면 찾듯
눈앞에 계신 메시야를 모르네
이천년을 기다린 메시야
이천년을 더 기다려도 오지 않으리

마음자리 바꾸어
마음 눈을 뜨면
눈앞에 계신 메시야
확연하게 보련마는

미련하고 어리석은 백성들
오늘도 뜬구름 바라보며
구름타고 오실 메시야를
학수고대하며 기다리네.

편 지

당신이 보내주신 편지는
사랑의 기쁨과 서글픔으로
가득 차 있습니다

기다리는 슬픔이
너무 벅차긴 해도
당신을 만날 수 있는
소망이 있기에
마냥 기쁘기만 합니다

당신을 만나는 그날에
그 동안 간직했던
모든 일들을
사랑의 노래로 꽃 피우렵니다

아름답고 향기로운 열매로
당신이 보내주신 편지에
보답하는 양이 되고 싶습니다.

2. 神은 宇宙萬物의 創造主라는데 무엇으로 證明할 수
   (신)   (우주만물)   (창조주)   (증명)
   있는가 ?

왜냐하면
성경 창세기 1장 1절에
태초에 하나님이
천지, 즉 하늘과 땅을 창조하셨다고
분명하게 기록되어
있기 때문입니다.

신(神)은 우주만물(宇宙萬物)의 창조주(創造主)라 하는데
무엇으로 증명(證明)할 수 있나?

　이 질문은 신학자들과 진화론(進化論)자들 간에 지금까
지 논쟁(論爭)이 되고 있는 의문(疑問) 중에 하나로 아직도
명확하게 해결하지 못하고 있습니다. 왜냐하면 지금도 과
학자들은 우주만물(宇宙萬物)이 하나님의 창조물(創造物)
이 아니라 자연적 진화(進化)에 의해서 나타난 것이라 주장
을 하고 있으며 기독교인들은 하나님의 창조물(創造物)이
라 주장을 하고 있기 때문입니다.
　그러므로 이 질문은 세상의 과학(科學)이나 학문(學文)적
으로 답변할 수가 없고 성경(聖經)적으로 답변을 할 수 밖
에 없습니다. 왜냐하면 성경 창세기 1장 1절에 태초에 하나
님이 천지, 즉 하늘과 땅을 창조하셨다고 분명하게 기록되
어 있기 때문입니다. 뿐만 아니라 하나님께서 하늘의 궁창
과 해와 달과 별들을 만드시고 땅에는 각종 짐승과 식물(植
物)들을 종류대로 그리고 바다에는 각종 물고기들을 종류
(種類)대로 만드셨다고 말씀하고 있기 때문입니다.
　이렇게 하나님은 우주만물(宇宙萬物)을 창조하셨으며
또한 지금 이 순간에도 자연만물(自然萬物)과 인간들의 생

사화복(生死禍福)을 주관하고 계신 것입니다. 때문에 자연만물(自然萬物)이나 인간들은 모두 피조물(被造物)들이며 하나님은 우주만물(宇宙萬物)을 창조(創造)하신 창조주이신 것입니다. 하나님께서 우주만물(宇宙萬物)을 창조하셨다는 증거(證據)는 창세기에 기록된 하나님의 말씀을 통해서 명확히 증명(證明) 할 수 있습니다.

[창세기 1장 1절-2절] 태초에 하나님이 천지를 창조하시니라 땅이 혼돈하고 공허하며 흑암이 깊음 위에 있고 하나님의 신은 수면에 운행하시니라

[창세기 1장 7절] 하나님이 궁창을 만드사 궁창 아래의 물과 궁창 위의 물로 나뉘게 하시매 그대로 되니라

[창세기 1장 16절-18절] 하나님이 두 큰 광명을 만드사 큰 광명(해)으로 낮을 주관하게 하시고 작은 광명(달)으로 밤을 주관하게 하시며 또 별들을 만드시고 하나님이 그것들을 하늘의 궁창에 두어 땅에 비취게 하시며 주야를 주관하게 하시며 빛과 어둠을 나뉘게 하시니라 하나님의 보시기에 좋았더라

[창세기 1장 11절-12절] 하나님이 가라사대 땅은 풀과 씨 맺는 채소와 각기 종류대로 씨 가진 열매 맺는 과목을 내라 하시매 그대로 되어 땅이 풀과 각기 종류대로 씨 맺는 채소와 각기 종류대로 씨 가진 열매 맺는 나무를 내니 하나님의 보시기에 좋았더라

[창세기 1장 21절] 하나님이 큰 물고기와 물에서 번성하여 움직이는 모든 생물을 그 종류대로 날개 있는 모든 새를 그 종류대로 창조하시니 하나님의 보시기에 좋았더라

[창세기 1장 24절-25절] 하나님이 가라사대 땅은 생물을 그 종류대로 내되 육축과 기는 것과 땅의 짐승을 종류대로 내라 하시고(그대로 되니라) 하나님이 땅의 짐승을 그 종류대로, 육축을 그 종류대로, 땅에 기는 모든 것을 그 종류대로 만드시니 하나님의 보시기에 좋았더라

상기의 말씀과 같이 하나님은 하늘과 땅 그리고 하늘의 궁창(穹蒼)을 만드시고 궁창(穹蒼)(창공)에 큰 광명(光明)(해)과 작은 광명(光明)(달)과 별들을 만드셔서 그 광명으로 하여금 땅에 비추게 하시며 주야(晝夜)를 주관하게 하

신 것입니다. 그뿐만 아니라 하나님은 땅과 바다를 만드시고 땅은 풀과 씨 맺는 채소(菜蔬)와 열매 맺는 과목(果木)을 내라 하시고 바다에는 큰 물고기와 물에서 번성(繁盛)하여 움직이는 모든 생물을 종류(種類)대로 창조(創造)하셨다고 말씀하고 있습니다. 또한 하나님께서 땅은 생물(生物)을 종류(種類)대로 내라하시고 육축과 짐승들을 그 종류(種類)대로 만드셨다고 말씀하고 있습니다. 이로 보건대 우주만물(宇宙萬物)은 자연적(自然的) 진화(進化)에 의해 나타난 것이 아니라 하나님의 창조물(創造物)이라는 것이 분명합니다. 때문에 성경(聖經)을 하나님의 말씀으로 믿고 있는 기독교인들은 모두 우주만물(宇宙萬物)은 하나님께서 창조(創造)하셨다고 강력히 주장을 하고 있는 것입니다.

이와 같이 하나님께서 우주만물(宇宙萬物)을 창조(創造)를 하셨기 때문에 모든 만물(萬物)이 지금까지 존재(存在)하며 살아서 숨쉬며 활동(活動)하고 있는 것입니다. 그런데 그 보다 더 중요한 것은 하나님께서 우주만물(宇宙萬物)을 한시라도 주관(主觀)하시지 않거나 운행(運行)하시지 않고 방치 한다면 이 우주는 한 순간에 정지되어 모두 파괴(破壞)되어 사라져 버린다는 것입니다. 때문에 하나님께서 우주만물(宇宙萬物)을 창조(創造)하셨다는 것과 지금 이순

간도 하나님께서 자연만물(自然萬物)은 물론 인간들의 생사화복(生死禍福)을 주관하고 계신다는 것은 부정(不正)할 수 없는 사실입니다. 그런데 하나님께서 성경에 기록된 모든 말씀은 영적인 의미로 말씀하고 있다는 것입니다. 때문에 하나님께서 창조하신 천지창조도 영적인 창조의 의미를 세상의 비유를 들어서 말씀하고 있는 것입니다. 그러므로 창세기 1장을 통해서 말씀하고 있는 천지창조(天地創造)는 하나님께서 자연만물(自然萬物)을 창조하신 것이 아니라 구속사적인 의미로 땅의 존재(存在)를 하늘의 존재(存在)로 창조(創造)하신다는 것을 비유하여 말씀하고 있는 것입니다.

즉 땅에 속한 육신(肉身)의 존재(存在)를 하나님의 말씀을 통해서 하늘에 속한 하나님의 아들로 창조(創造)하신 다는 것을 말씀하고 있다는 사실입니다. 왜냐하면 하나님께서 성경(聖經)을 기록(記錄)한 목적(目的)은 오직 땅에 속한 피조물(被造物)들을 하나님의 말씀으로 창조(創造)하여 하나님의 아들로 만드시기 위해서 기록(記錄)한 것이기 때문입니다.

하나님께서 땅, 즉 흙으로 만든 인간들을 하나님의 말씀으로 양육(養育)하여 하늘, 즉 하늘에 속한 하나님의 아들로 창조(創造)하시려는 것은 이미 우주만물(宇宙萬物)을 창조(創造)해 놓으셨기 때문입니다. 왜냐하면 사람들도 자식을 낳아 기르려면 먼저 살 집부터 준비 하고 아이를 낳고 기업(企業)을 하는 사람이 상품을 만들려면 먼저 공장부터 건축(建築)한 후 상품(商品)을 만들어 내는 것과 같이 하나님께서 땅에 속한 죄인(罪人)들을 구원(救援)하여 하늘로 창조(創造)하기 위해서 우주만물(宇宙萬物)은 이미 창조(創造)하셨다는 것은 당연지사이기 때문입니다.

그러므로 성경에 기록된 모든 말씀은 구속사(救贖史)적으로 하나님께서 어둠에 속한 죄인(罪人)들을 하나님의 아들을 통해서 구원(救援)하고 살려서 하나님의 아들로 창조하시려는 것입니다. 때문에 창세기 1장 1절에 기록된 태초에 하나님이 천지를 창조하셨다는 원문의 진정한 뜻은 성부하나님(태초) 안에 있는 성자하나님들(하늘들)이 땅에 속한 존재(存在)를 육일 동안 하나님의 말씀을 통해서 하늘에 속한 하나님의 아들로 창조(創造)하신다는 뜻으로 말씀하고 있는 것입니다. 그런데 오늘날 기독교인들은 창세기 1장 1절에 "태초"와 요한복음 1장 1절에 기록된 "태초"를 단순히 시제, 즉 무엇이 시작되는 어느 기점으로 알고 있습니다. 이것은 성경번역자나 신학자들이 "태초"를 모두 시제로 번역해놓았기 때문입니다. 그러나 태초는 원문에 "레쉬"로 기록되어 있으며 단어의 뜻은 태초(太初)라는 시제의 의미도 있지만 주로 "머리, 근원, 근본, 최상, 우두머리"라는 의미입니다. 그러므로 태초는 시제가 아니라 하나님의 우두머리, 즉 성부하나님을 말씀하고 있는 것입니다. 때문에 창세기 1장 1절에 원문의 뜻은 "태초에 하나님이 천지를 창조하시니라"가 아니라 "성부하나님 안에 계신 하나님의 아들들이 땅을 하늘로 창조하시니라"입니다.

즉 하나님의 아들이 땅에 속한 죄인들을 구원하고 하나님의 말씀으로 창조하여 하늘에 속한 하나님의 아들로 만드신다는 뜻입니다. 이렇게 1절에서 말씀하시는 하늘은 하나님의 아들이신 예수님을 말하며 땅은 흙으로 만들어 아직 미완성된 육적(肉的)이고 혼적인 존재들을 말씀하고 있는 것입니다. 때문에 예수님은 땅에 속한 죄인들을 구원하여 하나님의 아들로 창조하시기 위해서 이 세상에 오신 것입니다. 예수님께서 주기도문을 통해서 하나님의 뜻이 하늘에서 이루어진 것 같이 땅에서도 이루어지게 하여 달라고 기도(祈禱)를 가르쳐주신 것은 바로 이 때문입니다.

즉 하나님의 뜻이 이미 하늘(예수님)에게 이루어졌으니 하나님의 뜻이 하늘에서 이루어진 것 같이 땅, 곧 죄인(罪

人) 된 우리에게도 이루어지게 해달라고 기도하라는 것입니다. 때문에 하늘이신 예수님은 창세기 1장 1절의 말씀에 따라 땅에 속한 존재들을 하늘에 속한 존재(存在)로 창조(創造)하시기 위해서 이 세상에 오신 것입니다.

예수님은 이 세상에 오셔서 예수를 구주로 믿고 따르는 땅들, 곧 열두 제자들을 생명(生命)의 말씀으로 날마다 창조(創造)하여 하늘에 속한 하나님의 아들로 만드신 것입니다. 이렇게 성경(聖經)에서 말씀하고 계신 천지창조(天地創造)는 자연만물(自然萬物)을 창조(創造)하신 것이 아니라 땅에 속한 죄인(罪人)들을 구원(救援)하여 하나님의 아들로 창조(創造)하신다는 것을 말씀하고 있는 것입니다. 왜냐하면 하나님께서 성경(聖經)을 통해서 말씀하시는 모든 말씀은 구속사(救贖史)적으로 모두 땅에 속해 있는 죄인(罪人)들을 구원하여 하나님의 아들로 창조(創造)하시기 위해서 기록한 말씀이기 때문입니다.

그러므로 아직 하나님의 말씀으로 창조(創造) 받지 못한 땅(육적)의 존재(存在)들은 우주만물(宇宙萬物)을 누가 창조(創造)하였느냐를 알려고 하는 것보다 나는 구원(救援)을 받았는지 또한 나는 어떤 존재(存在)인지 그리고 나는 죽으면 천국(天國)으로 가는지 아니면 지옥(地獄)으로 가는지를 아는 것이 더 중요하다고 생각합니다. 하나님께서는 지금도 우리에게 "아담아 지금 네가 어디 있느냐?"고 묻고 계십니다. 하나님께서 이렇게 말씀하시는 뜻은 네가 지금 말씀을 통해서 얼마나 창조(創造)를 받았느냐를 묻고 계신 것입니다. 즉 네가 지금 육신에 속해서 아직도 애굽의 기복신앙(祈福信仰)에 머물러 있느냐 아니면 기복신앙(祈福信仰)에서 벗어나 광야에서 율법(律法)을 통한 시험(試驗)과 연단(鍊鍛)을 받고 있느냐를 묻고 있는 것입니다.

그러므로 천주교인들은 물론 오늘날 기독교인들도 신(하나님)이나 우주만물(宇宙萬物)의 창조(創造)에 대한 질문(質問)을 할 것이 아니라 나는 지금 신앙생활(信仰生活)을 통해서 얼마나 창조(創造)를 받았는가? 그리고 지금 내가 머물고 있는 곳은 어느 곳이며 신앙(信仰)은 어느 차원(次元)에 머물고 있는가? 라는 질문을 해야 한다고 생각합니다. 또한 천국(天國)은 어느 곳에 있으며 천국(天國)의 실체는 무엇인가? 그보다 천국은 어떻게 가며 천국(天國)은 어떤 사람들이 들어가는가를 분명히 알아야 합니다.

그리고 나는 죽으면 천국(天國)으로 들어가는지 아니면 지옥(地獄)으로 들어가는지? 만일 내가 천국(天國)에 들어가지 못하고 지옥(地獄)으로 들어간다면 지금 나는 어떻게 해야 하는가? 라는 질문을 하는 것이 더 현명하다고 생각합니다. 왜냐하면 내가 신앙생활(信仰生活)을 통해서 하나님의 아들로 창조(創造) 받지 못한다면 신이나 우주만물(宇宙萬物)의 창조(創造)를 알고 모르는 것과 전혀 관계없이 모두 지옥(地獄)으로 들어가기 때문입니다.

성경에 지옥문 앞에서 슬피 울며 이를 갈고 있는 자들은 생전에 신앙생활(信仰生活)을 하면서 하나님의 뜻도 모르고 자신의 존재도 모르면서 자신의 욕구를 채우기 위해 기복(祈福)적인 신앙생활(信仰生活)을 했던 자들입니다.

그러므로 오늘날 기독교인들은 이 기회를 통해서 자신을 돌아보고 신앙을 점검해보아야 한다고 생각합니다.

사랑의 열매

넓은 대지에
씨 뿌려 놓은 듯한
우리들의 현실은
무엇이 그리 바쁘던지

제 갈길로 가다가
우연인가 필연인가
우리들 인연의
만남이 무르익어
사랑의 싹이 트입니다

사랑의 달콤한 향기
코 끝에 냄새를 풍기고
사랑의 아름다운 노래로
흥겨워 집니다

싱그러운 사랑의 열매가
주렁주렁 달려서
농부의 마음은 마냥
즐겁기만 합니다.

3. 生物学者(생물학자)들은 人間(인간)도 오랜 進化過程(진화과정)의 産物(산물)이라고 하는데, 神(신)의 人間創造(인간창조)와 어떻게 다른가?

人間(인간)이나 生物(생물)도 進化(진화)의 産物(산물) 아닌가?

원숭이는 태초(太初)부터 원숭이이고
인간(人間)은 태초(太初)부터
인간(人間)이었다는 것을
말해주는 것입니다.

생물학자(生物學者)들은 인간(人間)도 오랜 진화과정(進化過程)의
산물(産物)이라고 하는데 신(神)의 인간창조(人間創造)와 어떻게
다른가? 인간(人間)이나 생물(生物)도 진화(進化)의 산물(産物)아닌가?

　이 질문(質問)은 두 번째 질문(質問)에서 모두 답을 하였
기 때문에 재론 할 필요가 없다고 생각합니다. 왜냐하면 전
지전능(全知全能)하신 하나님께서 만드신 창조물(創造物)
을 피조물(被造物)인 인간들이 논한다는 자체가 하나님을
모독(冒瀆)하는 것이며 나아가서는 범죄(犯罪)이기 때문입
니다. 그럼에도 불구하고 오늘날 생물학자(生物學者)나 진
화론(進化論)자들은 인간이 태초부터 존재한 것이 아니라
원시시대(原始時代)에 존재하던 원숭이나 고릴라가 오랜
세월을 지나면서 점차 진화(進化)되어 오늘날 인간(人間)이
되었다고 주장하는 것입니다.
　그런데 이런 생물학자(生物學者)들의 주장은 많은 모순
(矛盾)이 있다고 생각합니다. 왜냐하면 만일 생물학자(生物
學者)들의 주장대로 원시시대(原始時代)의 원숭이가 오랜
진화(進化)의 과정을 거쳐 인간이 되었다면 지금 원숭이가
하나도 없거나 중간 매개체(媒介體)라도 있어야 하는데 지
금도 원숭이는 원시시대(原始時代) 모습 그대로 존재(存在)

하고 있고 인간은 인간의 모습 그대로 존재하고 있기 때문입니다. 이것은 원숭이가 진화(進化)의 과정을 통해서 인간(人間)이 된 것이 아니라 원숭이는 태초(太初)부터 원숭이이고 인간(人間)은 태초(太初)부터 인간(人間)이었다는 것을 말해주는 것입니다. 왜냐하면 앞으로 천만년이 지나도 원숭이는 원숭이고 사람은 사람이지 절대로 원숭이가 사람이 되지 않기 때문입니다.

   이것은 하나님의 말씀이 기록된 성경(聖經)을 보면 더 분명히 알 수가 있습니다. 태초에 하나님께서 짐승은 짐승으로 육축은 육축으로 사람은 사람으로 만드셨기 때문에 원숭이는 태초(太初)부터 원숭이였고 사람은 태초(太初)부터 사람이었지 원숭이가 진화가 되어 사람이 된 것이 아닙니다.

   [창세기 1장 24절-28절] 하나님이 가라사대 땅은 생물을 그 종류대로 내되 육축과 기는 것과 땅의 짐승을 종류대로 내라 하시고(그대로 되니라) 하나님이 땅의 짐승을 그 종류대로, 육축을 그 종류대로, 땅에 기는 모든 것을 그 종류대로 만드시니 하나님의 보시기에 좋았더라 하나님이 가라사대 우리의 형상을 따라 우리의 모양대로 우리가 사람을 만들고 그로 바다의 고기

와 공중의 새와 육축과 온 땅과 땅에 기는 모든 것을 다스리게 하자 하시고 하나님이 자기 형상 곧 하나님의 형상대로 사람을 창조하시되 남자와 여자를 창조하시고 하나님이 그들에게 복을 주시며 그들에게 이르시되 생육하고 번성하여 땅에 충만하라, 땅을 정복하라, 바다의 고기와 공중의 새와 땅에 움직이는 모든 생물을 다스리라 하시니라

상기의 말씀과 같이 하나님께서 태초(太初)에 만물(萬物)을 창조(創造)하실 때 땅의 짐승을 그 종류대로, 육축을 그 종류대로, 땅에 기는 모든 것을 그 종류대로 만드시고 난후 하나님은 하나님의 형상(形象)을 따라 하나님의 모양(模樣)대로 사람을 만드시되 남자와 여자를 만드셨다고 말씀하고 있습니다.

이렇게 태초에 하나님께서 인간은 물론 모든 각종 동물들과 식물들이 하나님의 창조에 의해서 만들어진 것이며 짐승이 진화의 과정을 거처 사람으로 나타난 것이 아닙니다. 그런데 이러한 하나님의 말씀을 믿지 않는다면 곧 하나님을 믿지 않는다는 것이기 때문에 이런 자들에게는 하나님의 창조(創造)를 어떤 것으로 증명(證明)을 한다 해도 아무런 소용이 없는 것입니다.

오늘날 과학문명이 발달하여 사람들이 유전자(遺傳子)나 줄기 세포를 통해서 개량종을 만들어내고 양이나 인간을 복제 할 수는 있어도 하나님이 창조(創造)하신 근본생명은 만들 수 없다는 것입니다. 즉 모든 동식물은 하나님께서 창조(創造)하신 모습 그대로 지금도 유지되고 있는 것이며 진화(進化)를 통해서 원숭이가 사람이 된다든지 혹은 팥이 콩이 된다든지 아니면 벚꽃이 무궁화 꽃으로 변하지 않는다는 것입니다. 단지 사람들이 동식물(動植物)을 가지고 연구하고 개발(開發)을 하여 개량종(改良種)을 만들고 복제품(複製品)을 만들어 내는 것뿐입니다.

　오늘날 과학문명의 발달(發達)로 말미암아 옛날에 달을 보고 복달라고 절하던 시대를 지나 로켓을 타고 달을 정복하는 시대가 되었고 피조물(被造物)인 인간들이 줄기세포를 가지고 복제(複製) 양을 만들고 복제 개를 만들고 이제는 복제(複製) 인간까지 만드는 시대로 발전하고 있습니다. 그로 말미암아 인간들의 교만이 하늘을 찌르는 듯 높아져 이제는 하나님의 영역까지 침범하고 있는 것입니다. 때문에 인간(人間)들이 이제는 신의 존재(存在)를 의심하게 되고 하나님의 창조물(創造物)까지 부인을 하는 지경에 이르게 된 것입니다.

문제는 인간들이 이렇게 자연만물(自然萬物)을 연구(研究)하고 발전(發展)을 하면서도 하나님이 어떠한 분이신지 또한 자신의 존재가 어떤 존재(存在)인지도 모르고 큰 소리 치고 있다는 것입니다.

　때문에 하나님은 모세의 기도를 통해서 인간들에게 이렇게 말씀하고 계십니다.

　[시편 90편 1절-15절] 주여 주는 대대에 우리의 거처가 되셨나이다 산이 생기기 전, 땅과 세계도 주께서 조성하시기 전 곧 영원부터 영원까지 주는 하나님이시니이다 주께서 사람을 티끌로 돌아가게 하시고 말씀하시기를 너희 인생들은 돌아가라 하셨사오니 주의 목전에는 천년이 지나간 어제 같으며 밤의 한 경점 같을 뿐임이니이다 주께서 저희를 홍수처럼 쓸어 가시나 이다 저희는 잠간 자는 것 같으며 아침에 돋는 풀 같으니이다 풀은 아침에 꽃이 피어 자라다가 저녁에는 벤바 되어 마르나이 다 우리는 주의 노에 소멸되며 주의 분내심에 놀라나이다 주께서 우리의 죄악을 주의 앞에 놓으시며 우리의 은밀한 죄를 주의 얼굴 빛 가운데 두셨사오니 우리의 모든 날이 주의 분노 중에 지나가며 우리의 평생이 일식간에 다하였나이다 우리의 년수가 칠십이요 강건하면 팔십이라도 그 년수의 자랑은 수고와

슬픔 뿐이요 신속히 가니 우리가 날아가나이다 누가 주의 노의 능력을 알며 누가 주를 두려워하여야 할대로 주의 진노를 알리이까 우리에게 우리 날 계수함을 가르치사 지혜의 마음을 얻게 하소서 여호와여 돌아오소서 언제까지니이까 주의 종들을 긍휼히 여기소서 아침에 주의 인자로 우리를 만족케 하사 우리 평생에 즐겁고 기쁘게 하소서 우리를 곤고케 하신 날 수 대로와 우리의 화를 당한 년 수대로 기쁘게 하소서

상기의 말씀은 하나님의 종 모세를 통해서 하나님과 인간의 존재(存在)를 분명하게 드러내고 있는 것입니다. 산이 생기기전 땅과 세계도 주께서 조성(造成)하기 전 곧 영원(永遠)부터 영원(永遠)까지 주는 하나님이시라고 말씀하고 있습니다. 이 말씀 속에는 하나님께서 산과 땅을 포함한 모든 세계(世界)를 조성(造成)하셨다는 것을 암시하고 있습니다.

왜냐하면 하나님께서 인간들이나 생물(生物)들이 살아갈 수 있는 땅과 세계를 먼저 만드시지 않고는 인간이나 생물(生物)들을 만들어도 생존할 수가 없기 때문입니다. 이렇게 자연만물은 물론 사람들도 하나님에 의해서 티끌(흙)로 만들어진 존재(存在)이기 때문에 죽으면 다시 티끌로 돌아

가는 것입니다. 때문에 하나님께서 사람들은 아침에 돋았
다가 저녁에 벤바 되어 말라버리는 풀과 같은 존재라고 말
씀하시는 것입니다. 하나님께서 인간들의 수명은 일식 간,
즉 숨을 한번 마시고 내쉬는 순간에 모두 지나간다고 말씀
하는 것은 바로 이 때문입니다.

　이와 같이 사람의 수명이 칠십이요 강건하면 팔십이라
도 그 년수의 자랑은 수고와 슬픔뿐이며 신속히 지나가니
날아간다고 말씀하시는 것입니다. 때문에 인생은 잠시 보
이다 사라지는 안개와 같다 혹은 일장춘몽(一場春夢)과 같
다는 말을 하는 것입니다. 이렇게 하나님은 우주만물(宇宙
萬物)을 창조하시고 인간들의 생사화복(生死禍福)을 주관
하시는 분이십니다.

　때문에 하나님은 이 지구를 한 순간에 멸할 수도 있고
또한 노아의 홍수 때나 소돔과 고모라 성처럼 유황불로 인
간들을 모두 불태워 버릴 수도 있는 것입니다. 뿐만 아니라
아무리 유명한 과학자(科學者)나 의사 혹은 천하를 호령하
는 왕이나 황제라 해도 하나님이 지금 부르시면 아니 갈 자
가 없는 것입니다.

　하나님은 성경(聖經)을 통해서 이렇게 말씀하고 계십니
다.

[누가복음 12장 16절-21절] 또 비유로 저희에게 일러 가라사대 한 부자가 그 밭에 소출이 풍성하매 심중에 생각하여 가로되 내가 곡식 쌓아 둘 곳이 없으니 어찌 할꼬 하고 또 가로되 내가 이렇게 하리라 내 곡간을 헐고 더 크게 짓고 내 모든 곡식과 물건을 거기 쌓아 두리라 또 내가 내 영혼에게 이르되 영혼아 여러 해 쓸 물건을 많이 쌓아 두었으니 평안히 쉬고 먹고 마시고 즐거워하자 하리라 하되 하나님은 이르시되 어리석은 자여 오늘 밤에 네 영혼을 도로 찾으리니 그러면 네 예비한 것이 뉘 것이 되겠느냐 하셨으니 자기를 위하여 재물을 쌓아 두고 하나님께 대하여 부요치 못한 자가 이와 같으니라

상기의 말씀과 같이 무지(無智)한 인간들은 하나님께서 인간들의 생사화복(生死禍福)을 주관 하고 계심을 모르고 자기 욕심대로 재산(財産)을 쌓아 평안하고 행복하게 잘 살려고 합니다. 그러나 하나님께서 지금 부르시면 지금까지 쌓아놓은 재산(財産)과 수고가 아무런 소용이 없는 것입니다.

그럼에도 불구하고 인간들은 아직도 하나님을 모르고 자신의 존재(存在)가 어떤 존재(存在)인지도 모르고 하나님을 대적(對敵)하고 하나님의 영역을 범하고 있는 것입니다.

이 모두가 하나님을 모르는 무지와 자신의 존재(存在)를 모르는 무지 때문인데 하나님을 모른다는 것은 곧 하나님의 말씀을 모른다는 것입니다.

그러므로 이 말씀을 통해서 인간들은 하루살이와 같이 나약한 피조물(被造物)이라는 것과 하나님은 우주(宇宙)의 자연만물(自然萬物)과 인간을 창조(創造)하신 창조주라는 것을 깨닫고 하나님을 믿고 경외(敬畏)하며 살아가야 합니다.

진실한 사랑

당신을 바라보고
당신의 이야기를 듣는 것이
당신의 마음을 담는 것인줄
몰랐습니다

내 마음에
당신의 마음을 담으니
당신의 마음을
알것 같습니다

당신의 마음을
읽고 아는 것이
진실한 사랑이라는 것을
시간이 흐른 뒤에야 느끼고

내 마음에 당신의 마음을
가득 채워 가는 것이
진실한 사랑인 줄
이제야 알았습니다

눈물

가슴이 무녀져 내리는 눈물은
하늘이 무너져 내리는
여름 장마비 같구나

비야 비야 어서 내려라

온 세상의 더러워진 것을
깨끗이 씻어주고
가슴에 앙금처럼 가라앉은
더러운 찌끼도
주룩주룩 흐르는 눈물로
깨끗이 씻어서

눈물도 아픔도 고통도 없는
새 하늘과
새 땅이 되어라

4. 언젠가 生命의 合成, 無病長壽의 時代도 可能할 것
   (생명) (합성) (무병장수) (시대) (가능)
같다. 이처럼 科學이 끝없이 發達하면 神의 存在도
        (과학)   (발달) (신) (존재)
否認되는 것이 아닌가?
(부인)

하나님께서 허락(許諾)하시지 않으면
인간들이 아무것도 할 수 없다는 것입니다.
때문에 준비된 핵무기를 통해서
지구를 멸하시는 분도
사람이 아니라 하나님이시라는 것입니다.

언젠가 생명(生命)의 합성(合成) 무병장수(無病長壽)의 시대(時代)도 가능(可能)할 것 같다. 이처럼 과학(科學)이 끝없이 발달(發達)하면 신(神)의 존재도 부인(否認) 되는 것이 아닌가?

  인간들은 지구가 형성(形成)되고 자연만물(自然萬物)이 번성하는 원시시대(原始時代)로부터 끊임없는 문명(文明)과 과학(科學)의 발달(發達)로 급속한 성장(成長)을 하여 맨발로 걸어 다니는 원시시대(原始時代)를 지나 자동차와 비행기를 타고 다니며 이제는 우주로 로켓을 발사하여 달과 화성을 넘나드는 세상이 되었습니다.

  그러나 과학(科學)과 문명(文明)의 발달로 생활은 많이 편해졌지만 그로 인한 공해가 심화되어 오존층이 파괴되고 기상이변(氣象異變)이 생기고 따라서 공해와 가뭄과 홍수로 지금 지구가 몸살을 앓고 있습니다. 그뿐만 아니라 각국에서 경쟁을 하듯이 핵연료와 핵무기를 만들어 이제는 핵무기로 인류(人類)를 수십 번 멸하고도 남을 양이 저장(貯藏) 되어 있다고 합니다.

  그러므로 인간들은 언제, 어느 시에 핵무기로 인해 순간적으로 불바다가 되어 모두 한줌의 재로 변할지 모르는 것입니다. 그런데 이러한 핵무기들을 모두 인간들이 만들었지만 그 배후에서 핵무기를 만들게 하시고 준비하게 하신 분이 바로 하나님이시라는 것은 모르고 있는 것입니다.

왜냐하면 사람들이 마음으로 계획(計劃)할지라도 그 걸음을 인도하시는 분은 여호와이시며 또한 마음의 경영은 사람에게 있어도 그 응답은 여호와이시기 때문입니다. 즉 하나님께서 허락(許諾)하시지 않으면 인간들이 아무것도 할 수 없다는 것입니다. 때문에 준비된 핵무기를 통해서 지구를 멸하시는 분도 사람이 아니라 하나님이시라는 것입니다. 이렇게 인간들의 생사화복(生死禍福)은 모두 하나님의 손에 달려 있는 것입니다.

그런데 인간을 제외한 자연만물, 즉 각종 짐승이나 식물(植物)들 그리고 바다의 물고기들은 자연 그대로 원시시대(原始時代)나 지금이나 큰 변화(變化) 없이 모두 잘 살아가고 있는 것입니다. 때문에 예수님은 하나님의 백성들에게 이렇게 말씀하고 있습니다.

[마태복음 6장 25절-33절] 그러므로 내가 너희에게 이르노니 목숨을 위하여 무엇을 먹을까 무엇을 마실까 몸을 위하여 무엇을 입을까 염려하지 말라 목숨이 음식보다 중하지 아니하

며 몸이 의복보다 중하지 아니하냐 공중의 새를 보라 심지도 않고 거두지도 않고 창고에 모아 들이지도 아니하되 너희 천부께서 기르시나니 너희는 이것들보다 귀하지 아니하냐 너희 중에 누가 염려함으로 그 키를 한자나 더할 수 있느냐 또 너희가 어찌 의복을 위하여 염려하느냐 들의 백합화가 어떻게 자라는가 생각하여 보라 수고도 아니하고 길쌈도 아니하느니라 그러나 내가 너희에게 말하노니 솔로몬의 모든 영광으로도 입은 것이 이 꽃 하나만 같지 못하였느니라 오늘 있다가 내일 아궁이에 던지우는 들풀도 하나님이 이렇게 입히시거든 하물며 너희일까보냐 믿음이 적은 자들아 그러므로 염려하여 이르기를 무엇을 먹을까 무엇을 마실까 무엇을 입을까 하지 말라 이는 다 이방인들이 구하는 것이라 너희 천부께서 이 모든 것이 너희에게 있어야 할 줄을 아시느니라 너희는 먼저 그의 나라와 그의 의를 구하라 그리하면 이 모든 것을 너희에게 더하시리라

상기의 말씀과 같이 우주(宇宙)와 자연만물(自然萬物)을 창조하신 하나님은 공중에 나는 새나 들에 피는 꽃이나 오늘 있다가 내일 아궁이에 들어가는 들풀까지도 모두 먹이시고 입히시고 마시게 하고 있습니다. 그런데 하물며 만물(萬物)의 영장이라는 인간들을 먹이고 마시고 입히시지 않

겠느냐는 것입니다. 그럼에도 불구하고 인간들이 하나님의 말씀이나 자연(自然)에 순응하지 않고 자기 욕심에 따라 더 편하게 더 행복하게 잘 살려는 생각때문에 오늘날 지구가 이렇게 병들어 가고 있는 것입니다. 그런데 이제는 인간들이 배아(胚芽) 줄기세포를 가지고 각종 질병(疾病)을 치료(治療)하고 인간의 수명(壽命)을 연장하며 또한 양을 복제하고 개를 복제하며 심지어 사람까지 복제하면서 하나님께 무서운 범죄를 하고 있는 것입니다.

　현대과학의 발달로 이제는 인간들이 사람까지 만들어 하나님의 존재(存在)나 하나님의 창조(創造)까지도 부정하게 되는 지경에 이르게 된 것입니다. 문제는 인간들이 과학문명(科學文明)의 발달로 말미암아 자신은 미물과 같은 피조물(被造物)이라는 것과 하나님은 인간들의 생사화복(生死禍福)을 주관하고 계신 전지전능(全知全能)한 창조주(創造主)라는 것을 모두 망각(妄覺)하고 있는 것입니다. 하나님이 인간들의 생사화복(生死禍福)을 주관하고 계시다는 것은 사람들이 죽고 사는 것, 그리고 고통(苦痛)을 받는 것이나 복을 받는 것이 모두 하나님께 달려 있다는 것입니다. 때문에 세상의 재벌이나 큰 권력(權力)을 가지고 세상을 좌지우지 한다 해도 그리고 나는 젊고 건강하다 해도 하나님이 지금 부르시면 아니 갈 자가 없는 것입니다. 때문에 사람들이 운명(運命)은 재천(在天)이라는 말을 하는 것입니다. 하나님은 토기장이의 비유를 들어 이렇게 말씀하고 계십니다.

[이사야 29장 16절] 너희의 패리함이 심하도다 토기장이를 어찌 진흙같이 여기겠느냐 지음을 받은 물건이 어찌 자기를 지은 자에 대하여 이르기를 그가 나를 짓지 아니하였다 하겠으며 빚음을 받은 물건이 자기를 빚은 자에 대하여 이르기를 그가 총명이 없다 하겠느냐

[이사야 64장 8절-9절] 그러나 여호와여 주는 우리 아버지시니이다 우리는 진흙이요 주는 토기장이시니 우리는 다 주의 손으로 지으신 것이라 여호와여 과히 분노하지 마옵시며 죄악을 영영히 기억하지 마옵소서 구하오니 보시옵소서 보시옵소서 우리는 다 주의 백성이니이다

[이사야 30장 14절] 그가 이 나라를 훼파하시되 토기장이가 그릇을 훼파함 같이 아낌이 없이 파쇄하시리니 그 조각 중에서 아궁이에서 불을 취하거나 물웅덩이에서 물을 뜰 것도 얻지 못하리라

이상의 말씀과 같이 하나님은 토기장이시며 인간은 진흙에 불과한 존재(存在)입니다. 그런데 하나님으로부터 지음을 받은 인간들이 과학문명(科學文明)의 발달로 말미암아 이제 하나님을 좌지우지(左之右之)하며 하나님의 존재(存在)나 창조(創造)까지 불신(不信)하는 지경에 이른 것입니다. 오늘날 기독교인들은 사랑의 하나님만 알지 두려움의 하나님이라는 것을 모르고 있습니다. 하나님을 아는 사람은 이 세상 천지에 하나님처럼 무섭고 두려운 분이 없다고 말을 합니다.

　하나님은 노아 때 홍수를 통해서 범죄(犯罪)한 인간들을 모두 멸하신 분이시며 소돔과 고모라성에 간음한 하나님의 백성들을 유황불로 모두 태워버리신 분입니다. 때문에 하나님은 오늘날 과학문명(科學文明)의 발달로 하나님을 외면하고 자연만물(自然萬物)을 오염(汚染)시키고 파괴(破壞)하는 인간들을 언제 멸하실지 아무도 모르고 있습니다.

　그런데 민심(民心)이 천심(天心)이라는 말과 같이 사람들은 오늘날 부패(腐敗)한 이 세상을 바라보고 말세(末世)야 말세(末世)야 하는 것을 보면 하나님의 심판(審判)이 가까이 왔다는 것을 예시하고 있는 것입니다. 때문에 오늘날 세계(世界) 각 곳에서 지진(地震)과 홍수(洪水)와 기근(饑

饉)과 질병(疾病)과 전쟁(戰爭)이 심화(深化) 되고 있는 것입니다. 이 모두가 하나님께서 이 세상을 심판(審判)하여 멸하시겠다는 경고(警告)입니다.

그러므로 오늘날 하나님의 백성들은 니느웨의 백성들이 베옷을 입고 굴건을 쓰고 재 가운데서 회개를 한 것처럼 회개(悔改)를 해야 합니다. 그러면 하나님께서 니느웨 백성들의 죄를 용서해주신 것처럼 또한 히스기야 왕이 진정으로 회개(悔改)할 때 그의 생명(生命)을 연장하여 주신 것처럼 오늘날 기독교인들의 생명도 연장해 주실 것이라 생각합니다.

당신의 사랑

당신의 뜨거운 사랑은
얼어 붙은 마음을
따뜻한 햇살로
감싸주 면서

불어오는 바람으로
어루만져
얼어붙은 마음을
달래주며 녹여줍 니다

당신의 사랑은
따뜻한 봄날의
햇살처럼 따뜻하게
느껴집니다.

허수아비

신의 끈을 풀어서
바늘 구멍에 끼고
옷을 꿰매어 입으니

허수아비로구나

듣지 못 하고
보지도 못 하고
깨닫지도 못 하는
어리석은 허수아비 인생

벙어리 냉가슴으로
가슴앓이 하는 허수아비

5. 神은 人間을 사랑 했다면, 왜 苦痛과 不幸과
   (신) (인간)   (고통)   (불행)
   죽음을 주었는가 ?

만일 인간들에게

악이 없다면 선도 알 수 없고

고통(苦痛)이 없으면

평안(平安)이나 행복(幸福)의 소중함도

느낄 수 없는 것입니다.

신(神)은 인간(人間)을 사랑했다면 왜 고통(苦痛)과 불행(不幸)과
죽음을 주었는가?

　　오늘날 기독교인들은 하나님은 사랑이라 말합니다. 그
런데 인간을 사랑하시는 하나님이 무엇 때문에 인간들에게
고통(苦痛)과 불행(不幸)과 죽음을 주시느냐는 것입니다.
이 질문은 전지전능한 하나님께서 아담과 하와가 선악과를
먹을 줄 알면서 왜 에덴동산에 선악과(善惡果)를 만들어 놓
았느냐 질문(質問)과도 같은 것입니다. 왜냐하면 하나님께
서 에덴동산에 선악과(善惡果)를 만들어 놓지 않았다면 아
담과 하와가 선악과(善惡果)를 먹지 않았을 것이고 따라서
기독교인들이 억울하게 원죄 누명을 쓰고 태어나지도 않았
을 것이기 때문입니다.
　　이것은 사람들이 하나님의 깊은 뜻이나 마음을 모르기
때문에 하는 말입니다. 왜냐하면 모세의 율법을 통과하지
않고는 예수님의 은혜(恩惠)와 진리(眞理)로 나아갈 수 없
고 또한 애굽의 백성들이 광야를 통과하지 않고는 가나안
땅에 들어갈 수 없듯이 선악과(善惡果)를 먹지 않고는 절대
로 생명과의 열매를 먹을 수 없기 때문입니다. 즉 애굽의
육적(肉的) 존재가 죽지 않으면 광야의 혼적(魂的)존재로

거듭날 수없고 광야의 혼적(魂的)존재가 죽지 않으면 가나
안으로 들어가 영적(靈的)존재, 즉 하나님의 아들로 거듭날
수 없는 것입니다. 그러므로 생명의 좁은 길을 걸어가는 하
나님의 백성들에게 선악과(善惡果)는 생명과(生命果)와 같
이 소중하고 귀한 열매입니다.

　이와 같이 화를 당해 고통을 받아 본 자만이 평안(平安)
과 행복(幸福)을 알고 악을 체험(體驗)한 자만이 선을 아는
것입니다. 이렇게 빛은 어둠이 존재하기 때문에 알 수 있는
것인데 만일 어둠이 없다면 빛의 소중함도 알 수 없는 것입
니다. 그러므로 만일 인간들에게 악이 없다면 선도 알 수
없고 고통(苦痛)이 없으면 평안(平安)이나 행복(幸福)의 소
중함도 느낄 수 없는 것입니다. 이렇게 복이나 평안(平安)
이나 행복(幸福)만 좋은 것이 아니라 깨닫고 보면 화도 고
통(苦痛)도 불행(不幸)도 모두 사람들에게 유익하고 좋은
것입니다. 왜냐하면 어둠 속에 있는 자만이 빛의 소중함을
알고 악으로부터 고통(苦痛) 받아 본 자가 선을 알고 감사
하게 되는 것이며 고통(苦痛)을 받아본 자만이 행복(幸福)
을 알고 감사하게 되는 것입니다.

　이렇게 하나님께서 주시는 고통(苦痛)이나 불행(不幸)
의 뜻을 알게 된다면 하나님께 감사(感謝)하지 않을 수 없

습니다. 오늘날 기독교인들은 복만 좋아하며 화(禍)가 복
(福)이며 복(福)이 화(禍)라는 것은 모르고 있습니다. 왜냐
하면 하나님께 복(福)을 받아 행복하게 잘살게 되면 점차
세상으로 떠나가 멸망을 받지만 화(禍)를 당해 고통을 받게
되면 황급히 하나님께 달려가 오직 하나님만 의지하여 구
원을 받아 천국으로 들어가기 때문입니다. 이렇게 어린 아
이들은 입에 단 사탕을 좋아하지만 어른들은 입에 쓴 것이
몸에 좋다는 것을 알기 때문에 쓴 것만 골라 먹는 것을 볼
수 있습니다. 이와 같이 아직 신앙(信仰)이 어린 자들은 복
(福)과 사랑이 좋다고 하나님께 매달리지만 성숙한 신앙인
들은 화(禍)를 당해 고통을 받을 때 기뻐합니다. 때문에 하
나님은 야고보서를 통해서 너희가 시험을 받을 때 기뻐하
라고 말씀하시는 것입니다.

　　오늘날 기독교인들은 천국이 좋다고 말은 하면서 죽기
는 싫어하며 어찌 하든지 이 세상에서 오래 살기를 원합니
다. 그런데 이 세상에 태어난 사람은 나이나 건강에 관계없
이 반드시 죽는다는 것입니다. 그러므로 사람들은 어느 누
구나 죽음을 두려워하며 어찌하던지 죽음을 피하려고 하는
것입니다. 그러나 이 세상에 태어난 자연만물(自然萬物)은
반드시 죽는다는 것은 하나님이 정하신 법(法)이며 만고(萬

古)의 진리입니다.

　그러므로 만물의 영장(靈長)이라는 인간들도 죽을 수밖에 없는 것입니다. 때문에 하나님께서 이 세상에서 살다가 죽을 수밖에 없는 영혼(靈魂)들을 구원하고 살려서 영원히 죽지 않는 생명을 주시기 위해서 하나님의 아들을 구원자로 보내주신 것입니다. 그런데 오늘날 기독교인들은 하나님의 말씀을 통해서 혼적(魂的) 존재가 죽지 않으면 영적(靈的)존재로 거듭날 수 없다는 것을 모르고 있는 것입니다. 때문에 오늘날 기독교인들은 죽지 않고 부활(復活)이 되려하고 또한 죽지 않고 하나님의 아들이 되어 천국(天國)에 들어가려고 하는 것입니다. 이 모두가 성경에 기록된 하나님의 뜻이나 예수님이 하신 말씀을 모르기 때문입니다.

　오늘날 기독교인들이 성경을 날마다 보고 성경쓰기도 하며 말씀의 뜻을 알려고 공부도하고 연구도 열심히 하지만 영안(靈眼)이 열리지 않으면 영적(靈的) 세계를 볼 수 없고 따라서 눈먼 소경이나 다름없는 것입니다. 때문에 예수님께서 니고데모에게 네가 거듭나지 아니하면 하나님의 나라를 볼 수 없다고 말씀하신 것이며 또한 우리밖에 있는 저희는 하나님의 말씀(영적인 말씀)을 귀가 있어도 듣지 못하고 눈이 있어도 보지 못하고 마음이 있어도 깨닫지 못한다고 말씀하신 것입니다. 예수님께서 말씀하시는 저희는 예수님을 믿고 따르는 제자들을 제외(制外)한 하나님의 백성들을 말하고 있습니다.

이와 같이 하나님께서는 인간들에게 고통과 불행과 죽음을 주시는 것은 죄와 허물로 죽을 수밖에 없는 영혼들을 구원하고 살려서 하나님의 아들로 창조(創造)하기 위함입니다. 즉 하나님께서 주관하고 계신 생사화복(生死禍福)은 인간들을 구원하고 살리기 위한 도구(道具)에 불과 합니다. 만일 하나님께 사랑만 있고 징계(懲戒)나 고통이 없다면 하나님의 백성들을 구원(救援)할 수 없고 양육(養育)할 수없고 창조(創造)할 수도 없는 것입니다. 때문에 애굽에는 화(禍)와 복(福)이 있고 광야에는 율법을 통한 시험(試驗)과 연단이 있고 가나안에 주의 지팡이와 막대기가 있는 것입니다.

예를 들면 아무 쓸모없는 무쇠덩어리를 사람이 사용할 수 있는 도구(道具)나 기구(器具)로 만들기 위해서는 무쇠덩어리를 뜨거운 풀무불 속에 넣어 녹이고 망치로 때리고 찬물에 넣었다가 다시 불 속과 물속에 넣기를 반복하면서 망치로 두드릴 때 사람이 사용할 수 있는 도구로 만들어 지는 것과 같이 하나님께서 아무 쓸모없는 땅에 속한 죄인들을 하늘에 속한 하나님의 아들로 창조(創造)하기 위해서는 반드시 사랑과 징계와 더불어 고통과 연단이 있어야 하는 것입니다. 이렇게 하나님께서 죄인들을 의인으로 만들려면 사랑뿐만 아니라 징계(懲戒)와 채찍이 있어야 하는 것입니다. 하나님께서 이스라엘 백성들의 신앙이 잘못 될 때 채찍을 가하기 위해서 인근에 악한 블레셋을 함께 키운 것을 볼 수 있습니다.

이와 같이 하나님께서는 어둠과 죄 가운데 있는 하나님의 백성들을 구원하여 하나님의 아들로 창조하기 위해서 애굽에는 교리와 기복을 광야에는 율법(律法)을 통한 시험(試驗)과 연단(演壇)을 그리고 가나안에는 은혜와 진리를 준비하신 것입니다.

그러므로 하나님의 백성들은 하나님의 이러한 뜻을 깨닫고 하나님께서 주시는 화나 고통 그리고 징계와 불행은 물론 죽음까지도 모두 감사함으로 받아들이고 하루속히 하나님의 말씀으로 창조(創造) 받아 하나님의 아들로 거듭나야 합니다.

환난의 날

환난 날의 잡힌 마음이
등불을 밝히는구나

부끄러운 줄 모르며 달려 가더니
어리석음을 깨닫고 후회하면서

지난밤의 쑤시던 뼈마디가
쉬지 아니하였다면

흑암 중에
잡히지 않은 마음이

고생의 날 보내는 자가
광명을 볼 수 있었던가

6. 神은 왜 惡人을 만들었는가?
   (신)   (악인)
   例: 히틀러나 스탈린, 또는 갖가지 凶惡犯들.
   (예)   (흉악범)

하나님은

하나님의 백성들을

구원하고 심판(審判)하기 위해서

선한 천사(天使)만 만드시는 것이 아니라

악인(惡人)도 만드시는 것입니다.

신(神)은 왜 악인(惡人)을 만들었는가?

(예: 히틀러나 스탈린, 또는 갖가지 흉악범들)

사람들이 괴로움과 고통을 당하는 것은 모두 악인(惡人)들 때문이라 생각합니다. 그런데 하나님께서 독일의 히틀러나 소련의 스탈린과 같은 악한 존재를 무엇 때문에 만들어 놓았느냐는 것입니다. 이것은 어린 아이가 어른들의 마음을 모르듯이 하나님의 뜻을 모르기 때문에 한 질문입니다. 하나님께서 악한 자들을 만든 것은 하나님이 필요할 때 불의(不義)의 병기(兵器)로 사용하시려는 것입니다. 하나님께서 독일의 히틀러를 만들지 않았다면 죄 없으신 예수님을 핍박(逼迫)하고 모함(謀陷)하여 십자가에 못 박아죽인 이스라엘백성들을 누가 징벌을 합니까? 만일 히틀러가 없었다면 하나님께서 또 다른 악인을 만들어서 사용하셨을 것입니다. 이렇게 하나님은 하나님의 백성들을 구원하고 심판(審判)하기 위해서 선한 천사(天使)만 만드시는 것이 아니라 악인(惡人)도 만드시는 것입니다.

하나님께서 히틀러를 통해서 유대인들을 징벌한 것은 유대인들이 하나님의 백성들을 구원하기 위해 하나님께서 보내주신 하나님의 아들을 배척(排斥)을 하고 핍박(逼迫)하며 결국 십자가에 못 박아 죽인 죄 때문입니다. 성경을 보면 유대인들이 당시 총독인 빌라도에게 죄 없으신 예수님을 죽이라고 하면서 예수를 죽인 죄 값은 모두 우리와 우리의 자손이 받겠다고 큰소리치는 것을 볼 수 있습니다. 때문에 하나님은 누군가를 들어서 유대인들의 죄 값을 징벌(懲罰)해야만 하는데 히틀러가 징벌(懲罰)하는 도구(道具)로 사용된 것입니다.

하나님께서 예수님을 죽인 유대인들의 죄 값을 히틀러를 통해서 얼마나 잔혹한 고통과 더불어 무차별하게 학살(虐殺)을 했는가는 역사를 통해서 모두가 잘 알고 있는 사실입니다. 성경을 통해서 예수님을 죽인 유대인들의 죄를 확인해보기로 하겠습니다.

[마태복음 27장 21절-26절] 총독이 대답하여 가로되 둘 중에 누구를 너희에게 놓아 주기를 원하느냐 가로되 바라바로소이다 빌라도가 가로되 그러면 그리스도라 하는 예수를 내가 어떻게 하랴 저희가 다 가로되 십자가에 못 박혀야 하겠나이다 빌라도가 가로되 어찜이뇨 무슨 악한 일을 하였느냐 저희가 더욱 소리질러 가로되 십자가에 못 박혀야 하겠나이다 하는지라

빌라도가 아무 효험도 없이 도리어 민란이 나려는 것을 보고 물을 가져다가 무리 앞에서 손을 씻으며 가로되 이 사람의 피에 대하여 나는 무죄하니 너희가 당하라 백성이 다 대답하여 가로되 그 피를 우리와 우리 자손에게 돌릴찌어다 하거늘 이에 바라바는 저희에게 놓아주고 예수는 채찍질하고 십자가에 못 박히게 넘겨주니라

　상기의 말씀을 보면 하나님의 백성이라는 유대인들이 빌라도에게 죄 많은 바라바는 놓아주고 죄 없는 예수님을 십자가에 못 박으라고 외치고 있는 것을 볼 수 있습니다. 때문에 빌라도는 예수님을 놓아 주려고 해도 아무 소용이 없음을 알고 예수님을 유대인들에게 넘겨주며 그러면 예수를 죽인 죄 값을 누가 감당(勘當)할 것이냐고 물을 때 유대인들은 우리와 우리의 자손에게 돌리라고 하면서 예수님을 십자가에 못 박아 죽인 것입니다.

　이렇게 죄 없으신 예수님을 잔혹하게 십자가에 매달아 죽인 유대인들을 징벌(懲罰)하기 위해 하나님은 히틀러를 사용하신 것입니다. 그런데 오늘날 기독교인들은 예수님을 빌라도가 십자가에 못 박아 죽였다고 사도신경을 통해서 날마다 위증을 하고 있는 것입니다.

세상의 법으로도 거짓을 진실처럼 증거하는 위증은 중죄(重罪)에 해당합니다. 때문에 사도신경으로 날마다 빌라도가 예수님을 죽였다고 위증을 하고 있는 오늘날 기독교인들도 반드시 이에 상응(相應)하는 징벌(懲罰)이 있을 것입니다.

　　이와 같이 공산주의(共産主義)자인 스탈린도 자유분방(自由奔放)하며 죄를 범하는 민주주의(民主主義)를 징벌(懲罰)하기 위해 준비한 도구(道具)이며 북한의 김일성이나 김정일도 오늘날 타락하고 부패한 남한의 기독교인들을 징벌(懲罰)하기 위해 채찍으로 준비해놓은 불의(不義)의 병기(兵器)입니다. 그런데 이러한 하나님의 뜻을 모르는 기독교인들은 어느 누구나 선한 천사(天使)만 좋아하고 악한 사탄은 싫어하고 있습니다.

　　때문에 하나님께서 왜 악한 자를 만들었냐고 질문을 한 것입니다, 그러나 하나님 앞에는 천사도 사탄도 모두 하나님께서 하나님의 백성들을 구원하기 위해서 사용하는 일꾼이며 도구 일뿐입니다. 때문에 하나님의 보좌(寶座)에 악한 사단이 하나님의 아들들과 함께 있는 것을 볼 수 있습니다.

[욥기서 1장 6절-12절] 하루는 하나님의 아들들이 와서 여호

와 앞에 섰고 사단도 그들 가운데 왔는지라 여호와께서 사단에게 이르시되 네가 어디서 왔느냐 사단이 여호와께 대답하여 가로되 땅에 두루 돌아 여기 저기 다녀 왔나이다 여호와께서 사단에게 이르시되 네가 내 종 욥을 유의하여 보았느냐 그와 같이 순전하고 정직하여 하나님을 경외하며 악에서 떠난 자가 세상에 없느니라 사단이 여호와께 대답하여 가로되 욥이 어찌 까닭 없이 하나님을 경외하리이까 주께서 그와 그 집과 그 모든 소유물을 산울로 두르심이 아니니이까 주께서 그 손으로 하는 바를 복되게 하사 그 소유물로 땅에 널리게 하셨음이니이다. 이제 주의 손을 펴서 그의 모든 소유물을 치소서 그리하시면 정녕 대면하여 주를 욕하리이다 여호와께서 사단에게 이르시되 내가 그의 소유물을 다 네 손에 붙이노라 오직 그의 몸에는 네 손을 대지 말지니라 사단이 곧 여호와 앞에서 물러 가니라

상기의 말씀을 보면 사단이 여호와 하나님 앞에 하나님의 아들들과 함께 있는 것을 볼 수 있습니다. 그런데 더욱 놀라운 것은 하나님께서 사단과 대화(對話)를 하실뿐만 아니라 사단에게 욥의 소유(所有)를 치라고 명하고 계신다는 것입니다.

이것은 하나님의 아들들만 하나님의 일꾼이 아니라 사

단도 하나님이 쓰시는 일꾼이라는 것을 알 수 있습니다. 즉 하나님의 아들들은 의(義)의 병기(兵器)로 사용하시며 사단은 불의(不義)의 병기(兵器)로 사용하시는 것입니다. 하나님은 하나님의 백성들을 구원하기 위해서 천사를 사용하시는데 만일 천사만 있고 사단이 없다면 교만(驕慢)하고 악한 자들을 굴복시킬 수가 없고 따라서 구원도 할 수가 없는 것입니다. 때문에 하나님께서 자칭 의롭다 하는 욥을 사단을 통해서 징벌(懲罰)함으로 욥의 교만(驕慢)을 깨닫게 하고 회개(悔改)시켜 구원하시는 것을 볼 수 있습니다.

이와 같이 천사나 사단도 하나님께서 하나님의 백성들을 죄 가운데서 구원하시는 도구이며 화나 복 그리고 고통이나 불행도 모두 하나님이 사용하는 도구(道具)입니다. 그런데 오늘날 기독교인들이 하나님의 이러한 뜻을 모르기 때문에 천사만 좋아하고 사단은 미워하며 복은 좋아하고 화는 싫어하며 또한 고통이나 불행은 싫어하고 행복만을 좋아하고 하나님의 사랑은 좋아하고 징계(懲戒)와 채찍은 싫어하는 것입니다.

오늘날 세상이 점점 부패해가는 것은 가정이나 학교나 교회에 모두 사랑만 있고 징계와 체벌(體罰)과 채찍이 없기 때문입니다. 이렇게 사랑과 복은 영혼(靈魂)을 병들게 하고 죽이는 것이며 징계(懲戒)와 채찍은 병들어 죽어가는 영혼을 치료하고 살리는 것입니다. 때문에 사랑이 곧 저주이며 저주가 곧 복이라 말하는 것입니다. 오늘날 이 세상이 점점 병이 들어가고 부패(腐敗)해가는 것은 하나님의 뜻도 모르고 자기 욕심만 채우려는 삯군 목자들 때문입니다. 때문에 아이들은 부모를 잘 만나야 하고 학생은 선생님을 잘 만나야 하고 교인들은 목자를 잘 만나야 하는 것입니다.

오늘날 기독교인들은 하나님이 사랑이라는 것만 알고 있을 뿐 공의의 하나님이라는 것을 모르고 있습니다. 즉 하나님은 예수님을 믿는다 하여 아무나 구원을 하시는 것이 아니라 오늘날 하나님께서 구원자로 보내주시는 예수님을 믿고 그의 말씀을 듣고 그의 말씀대로 행하는 사람만을 구원하여 살리신다는 것입니다. 이렇게 하나님은 예수를 믿는다 해서 아무나 구원을 시키는 것이 아니라 사람이 행한 대로, 즉 무엇을 심든지 심은 대로 갚아 주시는 공의(公義)의 하나님이십니다. 하나님은 갈라디아서를 통해서 이렇게 말씀하고 있습니다.

[갈라디아서 6장 7절-8절] 스스로 속이지 말라 하나님은 만홀히 여김을 받지 아니하시나니 사람이 무엇으로 심든지 그대

로 거두리라 자기의 육체를 위하여 심는 자는 육체로부터 썩어진 것을 거두고 성령을 위하여 심는 자는 성령으로부터 영생을 거두리라

　하나님께서 스스로 속이지 말라는 자들은 곧 자신은 아무런 행위가 없어도 예수를 믿기 때문에 하나님의 아들이 되어 천국으로 들어간다고 스스로 믿고 있는 자들을 말합니다. 때문에 하나님은 만홀(漫忽)히 여김을 받지 않는다고 말씀을 하시면서 사람이 무엇으로 심든지 그대로 거두게 된다고 말씀하시는 것입니다. 즉 자기육체(肉體) 곧 자기 욕심을 위해서 심는 자는 육체(肉體)로부터 썩어질 것을 거두고 성령을 위하여 심는 자는 성령으로부터 영생을 거두게 된다는 것입니다. 즉 영원한 하나님의 생명을 얻으려면 반드시 성령을 심어야 얻을 수 있다는 것입니다.

　성령은 거룩한 영으로 곧 산자의 입에서 나오는 생명의 말씀을 말하고 있습니다. 그런데 오늘날 기독교인들은 아무 것도 심지 않고 아무런 행함이 없어도 오직 예수만 믿으면 영생(永生)을 얻어 천국(天國)으로 들어간다고 주장을 하고 있는 것입니다.

　그러나 예수님은 나더러 주여 주여 하는 자가 천국에

들어가는 것이 아니라 내 아버지의 뜻대로 행하는 자가 들어간다고 분명히 말씀하고 있습니다. 그럼에도 불구하고 지금도 오늘날 기독교인들은 예수를 믿고 입으로 시인(是認)만하면 모두 하나님의 아들이 되어 천국으로 들어간다고 큰소리치는 것입니다. 이런 자들이 바로 하나님을 만홀히 여기는 자들입니다.

　이상의 말씀과 같이 하나님은 하나님의 백성들을 죄 가운데서 구원하여 영원한 생명을 주시기 위하여 하나님의 백성들에게 고통과 불행과 죽음도 주시는 것이며 또한 악한 사탄과 선한 천사도 오직 영혼을 구원하기 위하여 하나님의 도구(道具)로 사용하시는 것입니다.

무 지

얽힌 삶의
현실이
사슬처럼 묶이어

풀고 또 풀어도
다시 엉키는 까닭은

진실을 모르며
드러나지 않은
정체에 이끌려

어두움을 향해
달려가는 모습이구나

철쭉꽃

삼각산 기슭에
함박 웃고 있는 철쭉꽃
지나가는 우리들을
환영하며 반겨주네

그냥 지나칠 수 없어
철쭉꽃 옆에 앉아
잠시 속삭였지

우리들을 기쁘게 하려고
눈보라 비 바람속에서
긴 긴 겨울을 기다렸느냐고

철쭉은 방긋 웃으며
내게 속삭이네
기다림과 참음과 견딤이 없이는
당신들을
기쁘게 할 수 없다고...

7 예수는 우리의 罪를 대신 속죄하기 위해 죽었다는데,
   우리의 罪란 무엇인가?
   왜 우리로 하여금 罪를 짓게 내버려 두었는가?

만인 구원설은
기독교회에서 만들어 낸 것이지
성경이나 예수님은
인류의 죄를 모두 대속(代贖)해 주었다고
말씀하신 적이 없다는 것입니다.

예수님은 우리의 죄(인류의 죄)를 대신 속죄하기 위해 죽었다는데 우리의 죄란 무엇인가? 왜 우리로 하여금 죄를 짓게 내버려 두었는가?

(1) 예수님은 우리의 죄(인류의 죄)를 대속(代贖)해 주심

오늘날 천주교나 기독교인들은 예수님께서 인간의 모든 죄를 대속(代贖)해 주셨다고 믿고 있습니다. 때문에 감리교에서는 예수님께서 인간들의 모든 죄를 대속(代贖)해 주셨다고 만인 구원설(救援說)을 주장하고 있는 것입니다. 오늘날 기독교인들 중에 예수님께서 지금까지 지은 죄는 물론 앞으로 지을 죄까지 사해 주셨다고 주장하는 사람도 있습니다. 이렇게 오늘날 기독교인들은 예수님께서 인류의 모든 죄를 사(赦)해 주셨기 때문에 모두 하나님의 아들이 되어 천국에 들어간다고 믿고 있는 것입니다.

만일 예수님께서 인류의 모든 죄를 사(赦)해 주셨다면 기독교인들뿐만 아니라 타(他)종교인이나 불신자(不信者)들의 죄도 모두 사(赦)해 주셨다는 것입니다. 그렇다면 예수를 믿는 자나 안 믿는 자를 불문하고 모두 죄 사(赦)함을 받아 의인(義人)이 되어 천국에 들어갈 수 있다는 말입니다. 그런데 무엇 때문에 교회를 힘들게 다니면서 예수를 믿으며 신앙생활(信仰生活)을 해야 하는가 라는 의구심(疑懼心)이 생깁니다. 왜냐하면 오늘날 기독교인들이 예수를 믿고 교회를 다니는 목적이 모두 천국을 들어가기 위해서라고 말하기 때문입니다. 그런데 문제는 예수님께서 인류(人類)의 죄를 대속(代贖)해 주셨다는 것이나 만인 구원설은 기독교회에서 만들어 낸 것이지 성경이나 예수님은 인류의 죄를 모두 대속(代贖)해 주었다고 말씀하신 적이 없다는 것입니다.

왜냐하면 예수님은 유대 땅에 오셔서 인류(人類)의 모든 죄가 아니라 하나님의 택한 백성이라는 유대인들의 죄도 모두 사(赦)해주지 않으셨기 때문입니다. 예수님께서 죄를 사(赦)해주신 사람은 오직 예수님을 믿고 따르는 예수님의 열두 제자뿐이었습니다. 왜냐하면 당시에 예수님을 믿고 영접(迎接)하여 하나님의 아들로 거듭나 사도가 된 자는 예수님의 제자들 밖에 없었기 때문입니다. 그럼에도 불구하고 오늘날 기독교인들이나 목회자들이 인류의 죄를 모두 대속해 주셨다고 주장하는 것은 예수님께서 "우리의 모든 죄를 사(赦)해주셨다"는 말씀 때문입니다.

그런데 성경에서 말씀하고 있는 "우리"는 유대인들이
나 오늘날 기독교인들을 가리키는 말이 아니라 당시에 예
수님을 믿고 따르는 제자들을 말씀하고 있다는 것입니다.
왜냐하면 제자들이 말하는 "우리"는 예수님의 우리 안에
있는 양, 즉 예수님과 함께 있는 예수님의 제자들을 말하고
있으며 예수님께서 말씀하시는 너희는 예수님을 믿고 따르
는 제자들을 말씀하고 있기 때문입니다. 그리고 예수님을
믿지 않고 배척(排斥)하는 유대인들이나 그 외의 사람들을
모두 "저희"라 말하고 있다는 것입니다. 예를 들면 예수님
께서 "너희는 이렇게 기도하라"고 가르쳐주신 주기도문도
예수님의 제자들에게 가르쳐주신 것이지 유대인들이나 오
늘날 기독교인들에게 가르쳐주신 것이 아니라는 것입니다.
　그런데 오늘날 기독교인들은 우리라는 말을 아전인수
(我田引水)격으로 모두 자신들이라고 오해(誤解)를 하고 있
는 것입니다. 때문에 기독교인들이 예수님께서 우리의 죄
를 모두 사(赦)해 주었다고 믿고 있으며 심지어 인류의 모
든 죄까지 사(赦)해 주었다고 거짓증거를 하고 있는 것입니
다. 하나님께서는 예전이나 지금이나 하나님께서 구원자로
보내주시는 하나님의 아들, 즉 실존예수를 믿고 따르는 자
들만을 구원하십니다. 왜냐하면 실존 예수님을 믿지 않거

나 배척(排斥)하는 자들은 예수님도 구원할 수 없기 때문입니다. 그런데 하나님께서 하나님의 백성들에게 믿고 영접(迎接)하라는 예수는 예전이나 지금이나 사람의 몸을 입고 오신 인간(人間)예수입니다.

그럼에도 오늘날 기독교인들은 이천년 전에 유대인들을 구원하러 오신 성경 속에 계신 예수님은 잘 믿어도 하나님께서 오늘날 기독교인들을 구원하기 위해서 보내주신 오늘날의 예수님은 유대인들과 같이 믿지 않고 오히려 이단자(異端者)로 배척(排斥)을 하고 있는 것입니다. 그러면서 우리는 예수를 믿는다고 말하며 또한 예수님께서 인류의 모든 죄를 대속(代贖)해 주셨다고 거짓증거를 하고 있는 것입니다. 하나님은 예수님의 제자들과 같이 실존 예수를 믿고 영접(迎接)하는 자들을 구원하셨지 실존예수를 믿지 않고 배척(排斥)하는 자들은 유대인들이나 오늘날 기독교인들도 구원하지 않는다는 것을 알아야 합니다.

왜냐하면 구원은 오늘날 살아계신 하나님의 아들(예수님)이 하시기 때문에 오늘날의 예수(하나님의 아들)를 믿지 않고 배척(排斥)하는 자들은 구원(救援)의 대상(對象)이 아니라 심판(審判)의 대상(對象)이기 때문입니다. 이렇게 오늘날 기독교인들을 구원하는 예수님은 예전에 오셨던 과거

의 예수님이나 앞으로 오실 미래의 예수님이 아니라 오늘
날 살아계신 현재의 예수님이십니다. 그런데 기독교인들이
하나님께서 오늘날의 구원자로 보내주신 실존예수를 이단
자로 배척을 하면서 예수님께서 우리의 죄를 모두 대속(代
贖)해 주셨다 혹은 인류의 모든 죄를 대속(代贖)해 주셨다
고 주장을 하는 것은 어불성설(語不成說)입니다. 이렇게 예
수님께서 말씀하시는 우리나 너희는 실존(實存)예수님을
믿고 따르며 예수님과 함께 있는 자들을 말하고 있으며 실
존 예수를 인정하지 않거나 믿지 않는 자들은 저희라 말씀
하고 있는 것입니다.

　이와 같이 예수님은 인류의 모든 죄를 사(赦)해주신 것
이 아니라 예수님을 믿고 따르며 예수님의 음성을 듣고 가
르침을 받고 있는 소수의 무리들의 죄를 사(赦)해 주신 것
입니다. 문제는 오늘날 기독교인들이 이천년 전에 오셨던
예수님이나 앞으로 오신다는 예수님은 잘 믿고 있는데 하
나님께서 오늘날 기독교인들을 구원하기 위해서 보내주신
오늘날의 예수는 절대로 안 믿는다는 것입니다. 때문에 하
나님은 요한일서 4장을 통해서 오늘날 육체를 입고 오신
예수를 부인(否認)하는 자들을 적그리스도의 영이라 말씀
하고 있는 것입니다.

[요한일서 4장 1절-3절] 사랑하는 자들아 영을 다 믿지 말고 오직 영들이 하나님께 속하였나 시험하라 많은 거짓 선지자가 세상에 나왔음이니라 하나님의 영은 이것으로 알찌니 곧 예수 그리스도께서 육체로 오신 것을 시인하는 영마다 하나님께 속한 것이요 예수를 시인하지 아니하는 영마다 하나님께 속한 것이 아니니 이것이 곧 적그리스도의 영이니라 오리라 한 말을 너희가 들었거니와 이제 벌써 세상에 있느니라

상기의 말씀은 영 곧 하나님의 말씀을 다 믿지 말고 영(하나님의 말씀)이 하나님께 속한 영인지 아니면 적그리스도에 속한 영인지 시험해보라는 것입니다. 하나님의 영과 적그리스도의 영을 분별(分別)할 수 있는 것은 예수그리스도께서 오늘날 육체(肉體)로 오신 것을 시인(是認)하는 영(말씀)은 하나님께 속한 영(말씀)이며 예수그리스도께서 지금 육체로 오신 것을 부인(否認)하는 영(말씀)은 적그리스도에게 속한 영(말씀)이라는 것입니다. 왜냐하면 너희가 오리라 기다리고 있는 예수님은 지금 벌써 이 세상에 육체(肉體)로 오셔서 계시기 때문이라는 것입니다.

이렇게 이천년 전에 오셨던 예수님은 이미 오늘날 하나님의 생명으로 거듭난 하나님 아들의 육체(肉體) 안에 오셔

서 계신 것입니다. 그런데 오늘날 기독교인들은 예전에 말씀이 육신 되어 육체(肉體)로 오신 예수님이나 앞으로 다시 오실 예수님은 잘 믿으면서 오늘날 말씀이 육신(肉身) 되어 육체(肉體)로 오신 하나님의 아들은 믿지 않으며 절대로 인정(認定)을 하지 않고 오히려 이단으로 배척(排斥)을 하고 있는 것입니다.

때문에 하나님은 오늘날 육체(肉體)로 오신 예수를 부인(否認)하는 말씀(영)은 적그리스도의 말씀(영)이며 오늘날 육체로 오신 예수를 시인(是認)하는 말씀(영)은 하나님께 속한 말씀(영)이라 말씀하시는 것입니다. 그러므로 하나님께서 오늘날 구원자로 보내주신 오늘날의 예수를 믿는 자는 구원을 하시지만 오늘날 육체로 오신 예수를 부인(否認)하는 자들은 심판(審判)과 더불어 멸망(滅亡)을 받게 되는 것입니다. 이렇게 오늘날 기독교인들의 구원과 심판은 오늘날의 예수를 믿고 영접(迎接)하느냐 아니면 오늘날의 예수를 믿지 않고 부인하고 배척(排斥)하느냐에 따라 결정되는 것입니다. 그러므로 오늘날 기독교인들은 거짓목자나 삯군목자들이 예수님께서 인류의 죄를 대속(代贖)해 주셨다는 말이나 만인 구원설(救援說)을 믿지 말고 오늘날 말씀이 육신(肉身) 되어 오신 하나님의 아들을 믿고 그의 말씀을 영접(迎接)해야 합니다. 그러면 죄 사(赦)함을 받을 수 있고 또한 구원을 받아 하나님의 생명으로 거듭나 하나님의 아들이 될 수 있습니다.

(2) 우리의 죄(罪)는 무엇인가?

이어지는 질문은 우리의 죄(罪)는 무엇을 말하느냐는 것입니다. 그러면 하나님께서 말씀하시는 죄는 과연 어떤 죄를 말하고 있을까요? 죄는 여러 가지의 죄가 있지만 죄의 근원을 찾아보면 모두 욕심(慾心)에서 비롯된다는 것입니다. 때문에 하나님께서 야고보서를 통해서 "욕심이 잉태한즉 죄를 낳고 죄가 장성한즉 사망하게 된다"고 말씀하신 것입니다. 이렇게 하나님께서 말씀하시는 죄는 하나님의 뜻을 망각(忘却)하고 자신의 뜻이나 자기 욕심을 채우기 위해서 신앙생활(信仰生活)을 하는 것을 말씀하고 있습니다.

때문에 예수님께서 우리의 죄를 사(赦)해 주셨다는 것은 예수님의 제자들 안에 들어있는 욕심을 모두 제거(除去)해주셨다는 뜻입니다. 왜냐하면 욕심이 존재하는 한 죄는 사(赦)해질 수가 없고 따라서 하나님의 아들로 거듭날 수 없기 때문입니다. 그런데 오늘날 삯군목자들은 교인들에게 욕심을 버리라고 말씀을 전하는 것이 아니라 하나님께 헌금을 드리면 하나님께서 삼십배 육십배 백배로 채워주신다 혹은 십일조를 드리면 창고가 넘치도록 복을 부어주신다고 미혹을 하며 욕심을 더 부추기고 있는 것입니다.

　오늘날 교회가 대형화(大型化)되고 기업화(企業化) 되어가는 것은 모두 목회자들과 교인들의 욕심 때문입니다. 이렇게 오늘날 교인들이 욕심을 가지고 기복적(祈福的)인 신앙생활(信仰生活)을 하고 있는 것은 하늘에 상급을 쌓는 것이 아니라 자신이 받을 형벌(刑罰)을 쌓고 있는 것입니다. 때문에 하나님께서 죄 가운데 있는 하나님의 백성들을 구원하기 위하여 하나님의 아들을 구원자로 보내주신 것입니다. 그런데 하나님의 백성들이 하나님께서 구원자로 보내주신 하나님의 아들을 믿지 않고 배척(排斥)을 하는 것입니다. 때문에 예수님께서 나를 믿는 자는 구원을 받지만 나를 믿지 않는 자는 이미 심판(審判)을 받은 것이라 말씀하신 것입니다.

[요한복음 3장 16절-19절] 하나님이 세상을 이처럼 사랑하사 독생자를 주셨으니 이는 저를 믿는 자마다 멸망치 않고 영생을 얻게 하려 하심이니라 하나님이 그 아들을 세상에 보내신

것은 세상을 심판하려 하심이 아니요 저로 말미암아 세상이 구원을 받게하려 하심이라 저를 믿는 자는 심판을 받지 아니하는 것이요 믿지 아니하는 자는 하나님의 독생자의 이름을 믿지 아니하므로 벌써 심판을 받은 것이니라. 그 정죄는 이것이니 곧 빛이 세상에 왔으되 사람들이 자기 행위가 악하므로 빛보다 어두움을 더 사랑한 것이니라

하나님께서 이처럼 사랑한 세상은 원문(原文)에 "코스모스"로 땅에 속한 존재들을 말하며 독생자(獨生子)는 유일(唯一)한 아들이라는 뜻이 아니라 유일(唯一) 하신 하나님의 아들이라는 뜻입니다. 왜냐하면 만일 하나님의 아들이 오직 예수님 한 분 뿐이라면 땅에 속한 하나님의 백성들은 영원히 하나님의 아들이 될 수 없기 때문입니다. 그러므로 오늘날 기독교인들은 궁여지책(窮餘之策)으로 우리는 친자(親子)가 아니라 양자(養子)라 말하는데 양자(養子)는 하나님의 씨(생명)를 받지 못한 가짜 아들이라는 뜻입니다. 때문에 예수님은 독생자(獨生子)가 아니라 맏아들입니다. 예수님이 맏아들이기 때문에 예수님을 믿고 따르는 제자들이 예수님으로부터 낳음을 받아 열두 아들이 나온 것이며 바울로부터 디모데와 디도 오네시모 같은 하나님의 아들들이

나타난 것입니다. 이렇게 오늘날 말씀이 육신 되어 오신 하나님의 아들은 눈으로 볼 수 있고 귀로 들을 수 있고 손으로 만질 수 있는 실존(實存)예수님이며 또한 인간(人間)예수님입니다.

그러므로 하나님께서 세상을 구원하기 위해서 믿으라고 보내주신 예수님은 성경말씀 속이나 기독교인들의 상상(想像) 속에 있는 예수님이 아니라 오늘날 살아계신 실존(實存)예수입니다. 그런데 오늘날 기독교인들은 이천년 전에 오셨던 과거(過去)의 예수님이나 앞으로 혜성(彗星)처럼 나타날 미래(未來)의 예수는 믿으나 오늘날 기독교인들을 구원하러 오신 현재(現在)의 예수는 절대로 믿지 않는 것입니다. 왜냐하면 유대인들이나 오늘날 기독교인들도 하나님의 몸으로 오신 예수를 믿으려 하며 인간(人間)의 몸으로 오신 예수는 믿으려 하지 않기 때문입니다.

그런데 성경을 보면 하나님이 인간의 몸에 성령으로 오셨으며 하나님의 몸으로 오신 적이 없습니다. 왜냐하면 하나님은 육(肉)이 아니라 영(靈)이시기 때문입니다. 그러므로 하나님은 예전이나 지금이나 앞으로 영원토록 인간의 몸에 성령(거룩한 말씀)이 임(臨)하여 말씀이 육신(肉身)이 되어 오시는 것입니다. 그런데 유대인들이나 오늘날 기독교인들도 이렇게 육신(肉身)의 몸을 입고 오신 예수는 인간으로 취급하며 절대로 하나님으로 인정을 하지 않는다는 것입니다. 때문에 유대인들이 예수님을 향해서 네가 사람이 되어 자칭 하나님의 아들이라 말한다면서 예수님을 돌로 치려한 것을 볼 수 있습니다.

[요한복음 10장 32절-38절] 예수께서 대답하시되 내가 아버지께로 말미암아 여러 가지 선한 일을 너희에게 보였거늘 그 중에 어떤 일로 나를 돌로 치려하느냐 유대인들이 대답하되 선한 일을 인하여 우리가 너를 돌로 치려는 것이 아니라 참람함을 인함이니 네가 사람이 되어 자칭 하나님이라 함이로라 예수께서 가라사대 너희 율법에 기록한바 내가 너희를 신(하나님)이라 하였노라 하지 아니하였느냐 성경은 폐하지 못하나니 하나님의 말씀을 받은 사람들을 신(하나님)이라 하셨거든 하물며 아버지께서 거룩하게 하사 세상에 보내신 자가 나는 하나님의 아들이라 하는 것으로 너희가 어찌 참람하다 하느냐 만일 내가 내 아버지의 일을 행치 아니하거든 나를 믿지 말려니와 내가 행하거든 나를 믿지 아니할찌라도 그 일은 믿으라 그러면 너희가 아버지께서 내 안에 계시고 내가 아버지 안에 있음을 깨달아 알리라

상기의 말씀은 예수님과 유대인들이 서로 언쟁(言爭)을 하고 있는 장면입니다. 예수님은 유대인들에게 내가 선한 일을 하였는데 너희는 왜 나를 돌로 치려하느냐고 말씀을 하고 있습니다. 그런데 유대인들은 선(善)한 일 때문에 돌로 치려는 것이 아니라 네가 사람이 되어 자칭(自稱) 하나님이라 말하기 때문이라는 것입니다. 이때 예수님은 너희의 율법에 기록한바 내가 너희를 신(하나님)이라 하지 아니하였느냐 성경은 폐(廢)하지 못하나니 하나님의 말씀을 받은 사람들을 신(하나님)이라 하셨거든 하물며 아버지께서 거룩하게 하사 세상에 보내신 자가 나는 하나님의 아들이라 하는 것으로 너희가 어찌 참람(僭濫)하다 하느냐 라고 말씀하는 것입니다. 본문(本文)에 신은 원어(原語)로 "데오스"로 하나님을 말씀하고 있습니다.

　이렇게 유대인들은 물론 오늘날 기독교인들도 사람의 몸을 입고 있는 인간예수는 하나님의 아들로 인정(認定)을 하지 않는 것입니다. 그런데 하나님이나 예수님은 하나님의 말씀을 받은 사람, 곧 하나님의 말씀이 임한 사람은 신(하나님)이라 말씀하고 있는 것입니다. 이와 같이 사람이 하나님의 성령 곧 거룩한 말씀을 받으면 신(하나님)이 되는 것입니다. 즉 성령(거룩한 생명의 말씀)이 사람의 몸에 잉태되면 하나님의 아들로 태어나게 되는 것입니다. 그러므로 예수님은 자신을 하나님의 아들이라는 말보다 인자 곧 사람의 아들이라고 말씀하신 것입니다. 그러나 유대인들이나 오늘날 기독교인들은 말씀이 육신 되어 오신 인간예수는 인정(認定)을 하지 않고 믿지도 않는 것입니다. 오늘날 기독교인들이 구원이나 죄 사함을 받지 못하는 것은 오늘날 하나님께서 구원자로 보내주신 인간(人間)예수를 믿지 않기 때문입니다.

예수님께서 죄(罪)에 대하여 말씀하시기를 "죄에 대하여라 함은 저희가 나를 믿지 아니 함이요"(요한복음 16장 9절)라고 말씀하고 계십니다. 예수님께서 나를 믿지 않는 것이 죄라고 말씀하시는 것은 예수를 믿지 않고는 구원이나 죄 사(赦)함을 받을 수 없고 따라서 천국도 갈 수 없기 때문입니다. 그러므로 오늘날 기독교인들은 하나님께서 구원자로 보내주시는 오늘날의 인간예수를 믿고 그의 말씀을 영접해야 합니다. 그러면 죄 사(赦)함을 받을 수 있고 하나님의 생명으로 거듭나 하나님의 아들이 되어 천국(天國)이 이루어지는 것입니다.

(3) 왜 우리로 하여금 죄(罪)를 짓게 내버려
   두었는가?

　이어지는 질문은 하나님께서 왜 우리로 하여금 죄(罪) 를 짓게 내버려 두었느냐는 것입니다. 하나님께서 유대인 들은 물론 오늘날 천주교인들이나 기독교인들에게 죄를 짓 게 내버려 두신 것은 내버려 둘 수밖에 없는 죄를 짓고 있 기 때문입니다. 하나님은 로마서 1장을 통해서 범죄한 하 나님의 백성들을 내어버려 두시는 이유를 분명하게 말씀하 고 있습니다.

　[로마서 1장 18절-25절] 하나님의 진노가 불의로 진리를 막 는 사람들의 모든 경건치 않음과 불의에 대하여 하늘로 좇아 나타나나니 이는 하나님을 알만한 것이 저희 속에 보임이라 하 나님께서 이를 저희에게 보이셨느니라. 창세로부터 그의 보이 지 아니하는 것들 곧 그의 영원하신 능력과 신성이 그 만드신 만물에 분명히 보여 알게 되나니 그러므로 저희가 핑계치 못할 찌니라 하나님을 알되 하나님으로 영화롭게도 아니하며 감사치 도 아니하고 오히려 그 생각이 허망하여지며 미련한 마음이 어 두워졌나니 스스로 지혜 있다 하나 우준하게 되어 썩어지지 아

니하는 하나님의 영광을 썩어질 사람과 금수와 버러지 형상의 우상으로 바꾸었느니라. 그러므로 하나님께서 저희를 마음의 정욕대로 더러움에 내어 버려두사 저희 몸을 서로 욕되게 하셨으니 이는 저희가 하나님의 진리를 거짓 것으로 바꾸어 피조물을 조물주 보다 더 경배하고 섬김이라 주는 곧 영원히 찬송할 이시로다 아멘

상기의 말씀을 보면 하나님의 진노(震怒)가 불의(不義)로 진리를 막는 사람들의 모든 경건(敬虔)치 않음과 불의(不義)에 대하여 하늘, 즉 하나님으로부터 나타난다고 말씀하십니다. 왜냐하면 저희는 하나님을 알면서도 불의(不義), 곧 비(非) 진리를 가지고 진리를 막고 있기 때문이라는 것입니다. 하나님은 창세(創世)로부터 그의 보이지 아니하는 것들, 곧 하나님의 영원하신 능력(能力)과 신성(神性)을 그 만드신 만물(萬物)에 분명히 보여서 알게 하여 주었다는 것입니다. 하나님이 만드신 만물(萬物)은 곧 하나님께서 말씀으로 창조(創造)하신 하나님의 아들들을 말씀하고 있습니다. 즉 하나님의 영원하신 능력(能力)과 신성(神性)을 하나님의 아들을 통해서 저희에게 보여주어 모두 알고 있다는 것입니다.

그럼에도 불구하고 저희는 하나님을 알면서도 불의(不
義)를 가지고 진리를 막고 있기 때문에 하나님이 진노(震
怒)하시는 것입니다. 그러므로 심판 때에 저희가 나는 하나
님을 모르기 때문에 불의(비진리)로 진리를 막았다고 핑계
할 수 없다는 것입니다. 이들은 하나님을 알되 하나님으로
영화롭게도 아니하며 감사치도 아니하고 오히려 그 생각이
허망하여지며 미련한 마음이 어두워져 스스로 지혜 있다하
나 우준하게 되어 썩어지지 아니하는 하나님의 영광을 썩
어질 사람과 금수(禽獸)와 버러지 형상(形象)의 우상(偶像)
으로 바꾸었다는 것입니다.

　이들이 스스로 지혜(智慧) 있다 하면서 썩어지지 않는
하나님의 영광을 썩어질 사람과 금수(禽獸)와 버러지 형상
(形象)으로 바꾸었다는 것은 하나님의 형상(形象)을 입어야
할 하나님의 백성들을 가이사의 형상(形象)으로 바꾸었다
는 뜻입니다. 가이사는 세상 왕을 말하는데 여기서는 왕 같
은 제사장, 즉 오늘날 거짓선지자와 삯군목자를 말합니다.

　그러므로 하나님께서 저희를 마음의 정욕대로 더러움
에 내어 버려두어 저희 몸을 욕되게 한 것인데 그 이유는
저희가 하나님의 진리를 거짓으로 바꾸어 피조물(被造物)
을 조물주(造物主) 보다 더 경배(敬拜)하고 섬기기 때문이

라는 것입니다. 왜냐하면 오늘날 삯군목자들이 하나님의 말씀을 가감하여 교리와 교회법을 만들어 가지고 교인들을 자기 마음대로 구원을 시켜 하나님의 아들로 만들어 내기 때문에 교인들은 자기 목자를 하나님이나 예수님보다 더 경배(敬拜)하고 섬기고 있기 때문입니다.

이와 같이 삯군목자와 비진리를 믿고 따르는 존재들은 하나님의 아들, 즉 참 목자를 알면서도 계속해서 삯군목자를 하나님처럼 믿고 섬기고 있기 때문에 하나님께서 저희에게 죄를 짓도록 내어버려 두신 것입니다.

그러므로 오늘날 하나님의 백성들은 불의(不義)로 진리를 막고 있는 거짓선지자와 삯군목자들에게서 하루속히 벗어나 진리로 인도하는 참 목자에게로 돌아와야 하는 것입니다.

고무신 한 짝

사랑방 툇마루에
신다 벗어 던진
고무신 한 짝

주인을 기다리는지
아무 말없이 그 자리에
홀로 있구나

주인의 도움 없이는
한 발자욱도
움직일 수 없는 고무신

주인을 기다리는
고무신 한 짝

아무 말없이 그 자리에
기다리고 있구나.

8. 聖經은 어떻게 만들어 졌는가?
   (성경)
   그것이 하느님의 말씀이라는 것을 어떻게 證明할
                                        (증명)
   수 있나?

성경에 기록된 말씀들을
하나님께서 하신 말씀으로 믿지 않는다면
그 외의 어떤 증거나 어떤 방법으로도
성경이 하나님의 말씀이라는 것을
증명(證明)할 수 없습니다.

성경(聖經)은 어떻게 만들어 졌는가? 그것이 하나님의 말씀이라는 것을 어떻게 증명(證明)할 수 있나?

　　성경(聖經)은 사람들에 의해서 만든 것이 아니라 하나님의 종 모세와 선지자(先知者)들이 하나님으로부터 받은 말씀을 기록하여 이루어진 것입니다. 때문에 성경이 하나님의 말씀이라는 것은 성경에 기록된 말씀 자체가 증명하고 있습니다. 그런데 성경에 기록된 말씀들을 하나님께서 하신 말씀으로 믿지 않는다면 그 외의 어떤 증거나 어떤 방법으로도 성경이 하나님의 말씀이라는 것을 증명(證明)할 수 없습니다.

　　왜냐하면 하나님의 말씀을 믿지 않는 것은 곧 하나님을 믿지 않는 것이기 때문입니다. 하나님은 요한복음 1장 1절을 통해서 말씀(하나님)이 곧 하나님이라 말씀하고 있습니다.

　　[요한복음 1장 1절] 태초에 말씀이 계시니라 이 말씀이 하나님과 함께 계셨으니 이 말씀은 곧 하나님이시니라

[디모데후서 3장 16절-17절] 모든 성경은 하나님의 감동으로 된 것으로 교훈과 책망과 바르게 함과 의로 교육하기에 유익하니 이는 하나님의 사람으로 온전케 하며 모든 선한 일을 행하기에 온전케 하려 함이니라

　　상기의 말씀은 성경의 모든 말씀은 하나님의 감동(感動)을 받은 사람 곧 성령을 받은 사람이 기록한 것으로 하나님의 백성들을 교훈(敎訓)함과 책망(責望)함과 바르게 함과 의로 교육하기에 유익(有益)하며 또한 성경(聖經)에 기록된 하나님의 말씀은 하나님의 백성들을 하나님의 사람으로 온전케 만들어 모든 선한 일을 행하기에 부족함이 없이 온전케 하려고 기록한 것이라 말씀하고 있습니다. 그런데 하나님을 믿는 사람이 하나님의 말씀이 기록된 성경(聖經)을 믿지 않는다면 그 무엇으로 증명(證明)을 한다 해도 아무 소용이 없다는 것입니다.
　　성경(聖經)이 하나님의 말씀이라는 확실한 증거(證據)는 하나님의 거룩한 말씀은 땅에 속한 육신(肉身)의 존재들이나 죄인(罪人)들은 볼 수 없기 때문에 하나님의 말씀이라는 것입니다.
　　왜냐하면 영적(靈的)인 하나님의 말씀을 육에 속한 죄

인(罪人)들이 보고 알 수 있다면 성경(聖經)에 기록된 말씀은 사람의 말이지 하나님의 말씀이 아니기 때문입니다. 예수님께서 "내가 하는 말을 저희는 귀가 있어도 듣지 못하고 눈이 있어도 보지 못하고 마음이 있어도 깨닫지 못한다"고 말씀하신 것은 바로 이 때문입니다.

이렇게 하나님의 말씀은 밭에 감추어놓은 보화(寶貨)와 같아서 표면(表面)에 드러나 있는 말씀은 누구나 볼 수 있으나 말씀 속에 감추어져 있는 영적(靈的)인 비밀(秘密)을 볼 수가 없는 것입니다. 때문에 사도요한은 성경(聖經)에 기록된 말씀을 펴거나 보거나 할 사람이 없어서 크게 울었다고 말씀하고 있습니다.

[요한계시록 5장 1절-5절] 내가 보매 보좌에 앉으신 이의 오른손에 책이 있으니 안팎으로 썼고 일곱 인으로 봉하였더라. 또 보매 힘 있는 천사가 큰 음성으로 외치기를 누가 책을 펴며 그 인을 떼기에 합당하냐 하니 하늘 위에나 땅 위에나 땅 아래에 능히 책을 펴거나 보거나 할 이가 없더라. 이 책을 펴거나 보거나 하기에 합당한 자가 보이지 않기로 내가 크게 울었더니 장로 중에 하나가 내게 말하되 울지 말라 유대지파의 사자 다윗의 뿌리가 이기었으니 이 책과 그 일곱 인을 떼시리라 하더라

하나님 보좌에 앉으신 이는 곧 하나님을 말씀하며 하나님의 손에 들려있는 책(冊)은 하나님의 말씀이 기록된 성경(聖經)을 말씀하고 있습니다. 그런데 성경(聖經) 말씀이 안과 밖으로 기록되어 있고 일곱 인으로 봉해져 있다는 것입니다. 성경(聖經) 말씀이 안과 밖으로 기록되어 있다는 것은 누구나 볼 수 있도록 표면(表面)에 나타나 있는 말씀이 있고 또 하나는 말씀 속에 깊이 감추어져 있는 영적(靈的)인 말씀이 있다는 뜻입니다.

그리고 말씀이 일곱 인(印)으로 봉(封)해져 있다는 것은 말씀 속에 감추어져 있는 영적(靈的)인 비밀(秘密)들은 육신(肉身)에 속한 자들이나 죄인(罪人)들이 함부로 펴거나 볼 수 없도록 하나님의 인(印)으로 봉(封)해 놓았다는 뜻입니다. 때문에 사도요한이 이 책의 인(印)을 떼어서 펴거나 보거나 하기에 합당한 사람이 없어 큰 소리로 울었다는 것입니다. 그런데 다행히 유다지파의 사자, 다윗의 뿌리에서 나온 자, 곧 예수님이 이 책의 일곱 인(印)을 떼신다는 것입니다.

이와 같이 하나님의 말씀은 표면(表面)에 나타난 말씀은 어느 누구나 볼 수 있지만 그 말씀 속에 감추어 있는 영적(靈的)인 비밀(秘密)은 볼 수도 없고 알 수도 없는 것입니다. 때문에 하나님의 아들인 예수님이 오셔서 말씀의 비밀(秘密)들을 풀고 드러내어 말씀해 주신 것입니다. 그런데도 불구하고 예수님이 하시는 말씀을 유대인들은 물론 예수님의 제자(弟子)들도 듣기 힘들어했던 것입니다.

왜냐하면 하나님의 영적(靈的)인 말씀은 아직 하나님의 생명(生命)으로 거듭나지 못한 육신(肉身)에 속한 자들은 들을 수도 없기 때문입니다. 그러나 성경(聖經) 속에 감추어져 있는 영적인 비밀(秘密)을 오직 예수님만 보고 아시는 것이 아니라 하나님의 생명(生命)으로 거듭난 사도들이나 천국(天國)의 서기관(書記官) 된 자들은 모두 보고 알 수 있다고 말씀하고 있습니다.

[마태복음 13장 52절] 예수께서 가라사대 그러므로 천국의 제자 된 서기관마다 마치 새것과 옛것을 그 곳간에서 내어오는 집주인과 같으니라

예수님께서 천국(天國)의 제자 된 서기관(書記官)들은 누구나 천국(天國) 곳간에서 옛것과 새것을 마음대로 꺼내어오는 집주인과 같다고 말씀하십니다. 여기서 말씀하시는 천국(天國)은 예수님을 말하며 천국의 제자 된 서기관(書記

官)들은 열두 사도들을 말하고 있습니다. 그러므로 천국(天國)의 서기관(書記官)이 된 사도(使徒)들은 천국(天國) 곳간에서 옛것과 새것을 꺼내오는데 천국(天國) 곳간에 있는 옛것과 새것은 구약성경(舊約聖經)과 신약성경(新約聖經)을 말씀하며 서기관(書記官)들이 곳간에서 꺼내오는 것은 말씀 속에 감추어 놓은 영적(靈的)인 말씀을 말하고 있습니다.

이와 같이 성경(聖經)에 기록 된 하나님의 말씀은 아무나 볼 수는 있으나 그 속에 감추어져 있는 영적(靈的)인 뜻은 볼 수도 없고 알 수도 없는 것입니다. 때문에 성경(聖經)에 기록된 하나님의 말씀은 함부로 풀거나 전하거나 가르치면 안 되는 것입니다.

[베드로후서 1장 20절-21절] 먼저 알 것은 경의 모든 예언은 사사로이 풀 것이 아니니 예언은 언제든지 사람의 뜻으로 낸 것이 아니요 오직 성령의 감동하심을 입은 사람들이 하나님께 받아 말한 것임이니라

너희가 먼저 알아야 할 성경(聖經)의 모든 예언은 곧 하나님의 영적(靈的)인 말씀을 말하고 있습니다. 그런데 영적

(靈的)인 하나님의 말씀을 너희가 사사로이 풀면 안 되는 것은 성경(聖經)에 기록된 예언의 말씀은 언제나 사람의 뜻, 즉 사람의 생각으로 낸 것이 아니라 오직 성령(聖靈)의 감동하심을 입은 사람들이 하나님께 받아서 말한 것이기 때문이라는 것입니다.

때문에 하나님의 말씀은 아직 성령(聖靈)의 감동하심을 입지 못한 자, 즉 하나님의 생명(生命)으로 거듭나지 못한 자가 신학교(神學校)에서 배운 지식(知識)이나 혹은 자기 생각으로 풀면 안 된다는 것입니다. 그런데도 불구하고 오늘날 목회자(牧會者)들은 아직 하나님의 아들로 거듭나지 못한 상태에서 신학교(神學校)에서 배운 지식(知識)을 가지고 사사로이 풀어서 교인(敎人)들에게 하나님의 말씀을 가르치고 있는 것입니다. 때문에 교인(敎人)들은 지금도 하나님의 뜻이나 말씀 속에 감추어진 영적(靈的)인 비밀(秘密)들은 알 수가 없는 것입니다.

그러므로 오늘날 기독교인들이 성경(聖經)에 대하여 모르는 것은 당연한 일입니다. 때문에 하나님은 내가 너희에게 구원자(救援者)로 보내주는 아들의 말씀을 믿고 들으라는 것입니다. 그런데 오늘날 기독교인들은 거짓목자나 삯군목자들이 전하는 말씀은 잘 믿고 받아들이나 오늘날 하나님의 아들이 전하는 말씀은 듣지도 않고 무조건 이단(異端)으로 배척(排斥)을 하는 것입니다. 그러므로 오늘날 기독교인들은 하루속히 삯군목자들에게서 벗어나 하나님께서 보내주시는 참 목자를 믿고 그의 입에서 나오는 영적(靈的)인 말씀을 듣고 영접(迎接)해야 하는 것입니다.

오늘날 하나님께서 보내주시는 참 목자는 오늘날 하나님의 생명(生命)으로 거듭난 하나님의 아들을 말하고 있습니다.

인생무상

욕망에 사로잡혔던
허수아비 인생

시절을 좇아 끌려 다니며
만족하지 못한 생의 바퀴 속에서
늘어진 불평과 불만의 불꽃을 튕기며
불꽃놀이 하던 때가 엊그제

타다만 잿더미 속에
이리저리 뒹굴며 발 끝에 채이다가
작은 불씨 하나 만나서
모두 태워 버리고

이제야 잿가루 되어
불어 오는 바람에 흩날리고
욕망의 자취도 그림자도 사라져 버리고
텅 빈 자리에 다가 온
소리 없는 그대 고요하여라

9. 宗敎란 무엇인가? 왜 人間에게 必要한가?
(종교)   (인간)   (필요)

종교(宗敎)는

자신의 안일과 행복을 위해서

자기에 맞는 신을 선택하여 자신을 위해서 믿는 것이며

신앙(神仰)은

오직 유일신(하나님)을 위해서

그리고 신의 뜻을 이루기 위해서

믿고 섬기는 것입니다.

종교(宗敎)란 무엇인가? 왜 인간(人間)에게 필요(必要)한가?

　오늘날 대부분의 종교인들은 종교가 무엇인지 그리고 신앙이 무엇인지도 모르고 신앙생활(信仰生活)을 하고 있습니다. 문제는 오늘날 기독교인들도 종교(宗敎)와 신앙(神仰)이 다르다는 것을 잘 모르고 있다는 것입니다. 종교(宗敎)는 신(神)을 분명히 알지 못하는 상태에서 범신적(凡神的)으로 초자연적(超自然的)인 힘이나 어떤 존재(存在)를 막연히 믿는 것이며 신앙(神仰)은 유일신(唯一神),즉 유일한 하나님을 경외(敬畏)하며 섬기는 것입니다. 즉 종교(宗敎)는 자신의 안일과 행복을 위해서 자기에 맞는 신을 선택하여 자신을 위해서 믿는 것이며 신앙(神仰)은 오직 유일신(하나님)을 위해서 그리고 신의 뜻을 이루기 위해서 믿고 섬기는 것입니다.

　이렇게 종교(宗敎)는 자신을 위해서 자기 의지대로 믿는 것이며 신앙(神仰)은 자기의지와 상관없이 오직 하나님의 뜻을 이루기 위해서 믿는 것입니다. 때문에 종교인(宗敎人)들은 자신에게 유익이 된다든지 복(福)을 준다면 기독교(基督敎)나 불교(佛敎)나 만신이나 개의치 않고 찾아가 열심히 믿고 섬기는 것입니다. 이러한 종교(宗敎)는 애굽, 즉 세상에만 존재하는데 오늘날 이 세상에 대표하는 4대 종교는 기독교(基督敎), 불교(佛敎), 힌두교 이슬람교이며 기독교(基督敎)에서도 구교와 신교가 분리되어 있고 신교 안에서도 장로교(長老敎) 감리교(監理敎) 침례교(浸禮敎) 성결교(聖潔敎) 등 수 많은 종파(宗派)와 교파(敎派)로 분리되어 있습니다.

때문에 세상에서 각기 섬기는 신은 종파(宗派)나 교파(敎派)마다 각기 다른데 이들이 섬기는 신(神)이 다른 것은 각기 추구하는 목적이 다르고 말씀이나 교리(敎理)가 다르기 때문입니다. 그러나 출애굽하여 광야로 나오면 신(神)도 하나요, 진리(眞理)도 하나요, 추구하는 목적(目的)도 하나입니다. 문제는 오직 하나님만 믿고 섬긴다는 유대인들, 즉 하나님의 백성들 가운데도 다른 신(다른 하나님)을 믿고 섬기는 자들이 많이 있다는 것입니다. 때문에 하나님께서 하나님의 백성들에게 이렇게 말씀하시는 것입니다.

[신명기 5장 7절-9절] 나 외에는 위하는 신(하나님)들을 네게 있게 말찌니라. 너는 자기를 위하여 새긴 우상을 만들지 말고 위로 하늘에 있는 것이나 아래로 땅에 있는 것이나 땅 밑 물 속에 있는 것의 아무 형상이든지 만들지 말며 그것들에게 절하

지 말며 그것들을 섬기지 말라

　상기의 말씀은 십계명 중 일계명과 이계명의 말씀입니다. 하나님께서 일계명을 통해서 하나님의 백성들에게 나외에 위하는 신 곧 너를 위한 하나님을 네게 있게 말라는것은 하나님의 백성들이 이미 자신을 위해 다른 하나님을모시고 섬기고 있기 때문입니다.

　왜냐하면 본문에 신이라는 단어는 원문에 "엘로힘"으로분명히 기록되어 있는데 "엘로힘"이라는 뜻은 곧 "하나님"입니다. 그런데 성경번역자(聖經翻譯者)들이 "엘로힘"이라는 단어를 하나님으로 번역(翻譯)을 하지 않고 신으로 번역을 해 기록한 것입니다.

　오늘날 기독교인들은 이러한 사실을 모르기 때문에 우리는 다른 신을 섬기지 않고 오직 하나님만 믿고 섬기고 있다고 큰소리치고 있는 것입니다. 그런데 하나님께서는 너희가 지금 믿고 섬기는 하나님은 참 하나님이 아니라 다른하나님이라고 말씀하고 있는 것입니다.

　예전이나 오늘날이나 하나님의 백성들이 다른 하나님을 만들어 섬기는 것은 자기 유익, 즉 자신의 욕심(慾心)을채우기 위해서 만들어 섬기는 것입니다.

그러므로 너는 자신을 위하여 위로 하늘에 있는 것이나 아래로 땅에 있는 것이나 땅 밑 물속에 있는 것의 아무 형상(形象)이나 우상(偶像)을 만들지 말고 또한 너희가 만든 신 곧 하나님의 형상(形象)에 절하거나 섬기지 말라는 것입니다.

　그럼에도 불구하고 유대교나 천주교(天主敎)에서는 예수님과 마리아의 형상(形象)을 만들어 놓고 만든 형상(形象)에 절을 하며 섬기고 있는 것입니다. 오늘날 기독교(基督敎)는 아무 형상(形象)을 만들지 않았다고 큰 소리 치지만 교회 안과 밖에 걸어놓은 십자가나 예수님의 형상(形象)도 자신들을 위해 만든 하나의 형상(形象)이라는 것을 모르고 있는 것입니다.

　그런데 더 놀라운 것은 하나님께서 너희가 만든 신, 즉 하나님들이 너희 성읍(城邑)의 수와 같이 많다는 것입니다.

[예레미야 11장 9절-13절] 여호와께서 또 내게 이르시되 유다인과 예루살렘 거민 중에 반역이 있도다 그들이 내 말 듣기를 거절한 자기들의 선조의 죄악에 돌아가서 다른 신들을 좇아 섬겼은즉 이스라엘 집과 유다 집이 내가 그 열조와 맺은 언약을 파하였도다. 그러므로 나 여호와가 이같이 말하노라 보라 내

가 재앙을 그들에게 내리리니 그들이 피할 수 없을 것이라 그
들이 내게 부르짖을찌라도 내가 듣지 아니할 것인즉 유다 성읍
들과 예루살렘 거민이 그 분향하는 신들에게 가서 부르짖을찌
라도 그 신들이 그 곤액 중에서 절대로 그들을 구원치 못하리
라 유다야 네 신들이 네 성읍의 수효와 같도다 너희가 예루살
렘 거리의 수효대로 그 수치되는 물건의 단 곧 바알에게 분향
하는 단을 쌓았도다

상기의 말씀은 하나님의 백성들이 하나님의 말씀 듣기
를 거절(拒絕)하고 자기 선조들의 죄악, 즉 선조(先祖)들이
전통적으로 지켜오는 유전(遺傳)과 교리신앙(敎理信仰)으
로 돌아가서 다른 신(다른 하나님)들을 좇아 섬긴다는 것입
니다. 그런데 하나님의 백성들이 섬기는 신들(하나님들)이
네 성읍(城邑)의 수와 같이 많다는 것입니다.

왜냐하면 하나님은 곧 말씀이신데 하나님의 백성들은
자기 목회자(牧會者)들이 하나님의 말씀을 가지고 자기 생
각대로 가감(加減)하여 만든 각종교리(各種敎理)와 교회법
(敎會法)을 믿고 섬기고 있기 때문입니다.

때문에 신관(神觀)이나 교회관(敎會觀)이나 구원관(救
援觀)이 교파(敎派)마다 다르고 종파(宗派)마다 다르고 교

회의 목사님마다 각기 다른 것입니다.

이렇게 하나님의 말씀을 가감하여 만들어 믿고 섬기는 각종 교리(敎理)와 교회(敎會)의 법들이 바로 다른 하나님인 것입니다.

이와 같이 애굽(세상)교회에는 수많은 신과 각종 종교(宗敎)와 그에 따른 교리(敎理)가 난무(亂舞)하지만 애굽에서 벗어나 광야로 나오면 오직 유일신(唯一神)과 하나님의 법인 율법(律法)밖에 없습니다. 그런데 종교인(宗敎人)들은 애굽의 자유분방(自由奔放)한 신앙생활(信仰生活)이 좋고 편하기 때문에 애굽의 기복신앙(祈福信仰)에서 벗어나 광야로 나가기를 두려워하고 싫어하는 것입니다.

왜냐하면 광야는 불모지 사막으로 불 뱀과 전갈이 있고 먹을 양식도 오직 만나 밖에 없기 때문입니다. 그러나 하나님의 백성들이 출애굽을 하여 광야로 나가지 않으면 가나안으로 들어갈 수가 없고 가나안에 들어가지 못하면 천국(天國)으로 들어갈 수 없는 것입니다.

이와 같이 애굽의 종교(宗敎)와 광야의 신앙(神仰)은 하늘과 땅처럼 전혀 다른 것입니다. 이렇게 애굽에서 믿는 하나님과 광야에서 믿는 하나님과 가나안에서 믿는 하나님이 다르기 때문에 하나님께서 나는 아브라함의 하나님이요 야

곱의 하나님이요 이삭의 하나님이라 말씀하고 있는 것입니다. 또한 하나님께서 주시는 양식(糧食)도 애굽에서 먹은 양식은 유교병(가감된 말씀. 각종교리)이며 광야에서 먹는 양식은 무교병(율법)이며 가나안에서 먹는 양식은 산 떡(생명의 말씀)인 것입니다. 그런데 하나님의 백성들이 먹고 살수 있는 양식은 가나안에서 예수님이 주시는 산 떡, 즉 생명(生命)의 말씀입니다.

때문에 산 떡인 생명(生命)의 말씀을 먹고 살아 나려면 애굽의 기복신앙(祈福信仰)에서 벗어나 광야의 율법신앙(律法信仰)을 거쳐 은혜(恩惠)와 진리(眞理)가 있는 가나안 땅으로 들어가야 하는 것입니다. 그런데 종교인(宗敎人)들은 아직도 애굽의 교리와 기복신앙(祈福信仰)에서 벗어나지 못하고 오직 믿음 하나로 신앙생활(信仰生活)을 연명(延命)하고 있는 것입니다.

때문에 하나님은 종교생활을 하며 사람의 유전(遺傳)과 세상의 초등학문(初等學問)을 좇는 자들에게 이렇게 말씀하시는 것입니다.

[골로새서 2장 8절] 누가 철학과 헛된 속임수로 너희를 노략할까 주의하라 이것이 사람의 유전과 세상의 초등학문을 좇음

이요 그리스도를 좇음이 아니니라.

[골로새서 2장 16절-17절] 그러므로 먹고 마시는 것과 절기나 월삭이나 안식일을 인하여 누구든지 너희를 폄론하지 못하게 하라 이것들은 장래 일의 그림자이나 몸은 그리스도의 것이니라.

　상기의 사람의 유전(遺傳)은 조상으로부터 이어오는 전통적(傳統的) 보수신앙(保守信仰)을 말하며 세상의 초등학문(初等學問)은 하나님의 말씀을 가감(加減)하여 만든 교리(敎理)와 신학(神學)을 통해서 배우고 익힌 각종 신학문을 말하고 있습니다.
　이러한 세상의 유전(遺傳)과 초등학문(初等學問)을 좇는 것은 그리스도(진리)를 좇는 것이 아니라고 말씀하고 있습니다. 그러므로 먹고 마시는 것과 절기(節氣)나 월삭(月朔)이나 안식일(安息日)로 인해서 너희를 폄론하지 못하게 하라는 것입니다. 왜냐하면 이러한 것들은 장래 일의 그림자이며 실체(實體)는 그리스도이기 때문입니다. 오늘날 기독교(基督敎)는 교인들에게 제사음식이나 돼지고기를 먹지 말고 술도 먹지 말라고 하며 절기(부활절, 성탄절, 추수감

사절)와 월삭(초하루) 그리고 안식일(安息日)은 반드시 지키라고 말하고 있습니다.

그런데 이 모든 것들은 장래에 나타날 실체(實體)의 모형(模型)과 그림자이기 때문에 이러한 것들을 가지고 너희(神仰人)를 정죄하거나 판단하지 못하게 하라는 것입니다. 왜냐하면 이러한 월삭(月朔)과 안식일(安息日)과 성탄절(聖誕節)이나 부활절(復活節)은 애굽의 종교인(宗敎人)들이 지키는 것이며 출애굽을 하여 광야를 거쳐 가나안에 이른 신앙인(神仰人)들은 지킬 필요가 없기 때문입니다. 그러므로 애굽의 종교인(宗敎人)들은 하루속히 출애굽을 하여 광야로 들어가 율법(律法)을 통한 훈련(訓鍊)과 연단(鍊鍛)을 받고 가나안으로 들어가 하나님의 생명으로 거듭나서 하나님의 아들이 되어야 합니다.

이상과 같이 애굽에서 하나님의 백성들이 믿고 섬기는 종교(宗敎)도 광야와 가나안을 거쳐 천국(天國)으로 들어가려면 반드시 필요한 것입니다. 왜냐하면 구원(救援)의 시작은 종교로부터 시작하여 신앙(神仰)의 과정을 거쳐 천국(天國)이 이루어지기 때문입니다.

고린도전서 13장에 믿음, 소망, 사랑은 항상 있을 것인데 그 중에 제일은 사랑이라 말씀하신 것은 바로 이 때문입니다.

　믿음은 애굽의 신앙(信仰)을 말하며 소망은 광야의 신앙(神仰)을 말하며 사랑은 가나안의 신앙(神仰)을 말하는데 이것은 하나님의 백성들이 애굽에서 구원(救援)이 시작되어 광야의 시험(試驗)과 연단(鍊鍛)을 거쳐 가나안에 들어가 하나님의 아들로 거듭나게 되는 과정을 비유(譬喩)하여 말씀하고 있는 것입니다.

교만

높이 들린 교만한 눈
마음속에 숨어 있는
악을 내 뿜으며

내장이 썩어 가는 줄
모르는 자신은
교활한 숨소리로
정죄 하면서

정죄로 말미암아
죽음을 재촉하듯
입 벌리고 있다네

10 靈魂이란 무엇인가?
(영혼)

영혼(靈魂)은
사람의 생명을 말하고 있는데
사람들의 영혼을 혼
혹은
혼령(魂靈)이라고도
말하고 있습니다.

영혼(靈魂)이란 무엇인가?

영혼(靈魂)은 무엇을 말하며 영혼의 실체는 과연 어떤 것을 말하는 것일까요? 영혼(靈魂)은 하나님의 영(靈)을 말하는 것일까요? 아니면 사람의 혼(魂)을 말하는 것일까요? 그도 아니면 영과 혼이 혼합된 것을 영혼(靈魂)이라 말하는 것일까요? 이렇게 오늘날 기독교인이나 천주교인(天主敎人)들이 하나님을 믿으며 신앙생활(信仰生活)을 열심히 하면서도 영혼(靈魂)에 대해서 분명하게 모르고 있는 것입니다. 영혼(靈魂)은 사람의 생명을 말하고 있는데 사람들의 영혼을 혼 혹은 혼령(魂靈)이라고도 말하고 있습니다. 사람은 육신(肉身)과 영혼(靈魂)으로 구성이 되어 있는데 육신은 혼(魂)을 담고 있는 그릇에 불과 합니다.

때문에 사람의 실체(實體)는 몸이 아니라 혼(魂)을 말하고 있는 것입니다. 하나님께서 사람의 육신(肉身)을 흙으로 만드시고 그 육신에 생기(生氣)를 불어넣어 사람이 되었는데 하나님이 코에 불어넣은 생기(生氣)는 영(하나님의 생명)이 아니라 분명히 혼(사람의 생명)입니다.

[창세기 2장 7절] 여호와 하나님이 흙으로 사람을 지으시고 생기를 그 코에 불어 넣으시니 사람이 생령이 된 지라.

상기의 말씀과 같이 하나님이 사람을 흙으로 지으시고 생기(生氣)를 그 코에 불어 넣어 사람이 생령(生靈)이 되었다고 말씀하고 있는데 생기를 불어넣어 나타난 생령(生靈)은 구약 원문성경에 히브리어로 "루아흐"(영)가 아니라 "네페쉬"(혼)로 기록되어 있으며 "네페쉬"는 사람의 혼, 즉 사람의 생명을 말하는 것이며, "루아흐"는 하나님의 영, 즉 하나님의 생명을 말하고 있습니다. 혼(魂)에 속한 인간들이 반드시 하나님의 생명, 곧 성령(聖靈)으로 거듭나야 하는 것은 사람의 생명(生命)은 영(靈)이 아니라 혼(魂)이기 때문입니다.

　이렇게 하나님의 생명(生命)은 영(靈)이며 사람의 생명은 혼(魂)입니다. 그런데 오늘날 기독교인들이 사람의 생명이 혼(魂)인지 영(靈)인지도 모르고 막연히 혼, 영혼 혹은 영이라 말하고 있는 것입니다. 이렇게 사람의 생명인 혼(魂)은 신약성경 원문에도 헬라어로 "프쉬케"로 기록되어 있으며 하나님의 생명(生命)인 영(靈)은 "프뉴마"로 분명하게 기록되어 있습니다. 때문에 아직 하나님의 생명(生命)으로 거듭나지 못한 사람들의 몸속에는 혼(魂) 밖에 영(靈)이 없는 것입니다.

　문제는 하나님께서 야고보서를 통하여 아직 하나님의

영이 없는 혼적 존재(魂的 存在)들은 모두 죽은 자라고 말씀하고 있다는 것입니다.

[야고보서 2장 28절] 영혼 없는 몸이 죽은 것 같이 행함이 없는 믿음은 죽은 것이니라

　상기의 말씀에 영혼(靈魂)이 없는 몸이 죽은 것 같이 행함이 없는 믿음은 죽은 것이라 말씀하고 있는 영혼(靈魂)은 원문에 분명히 "프쉬케"(혼)가 아니라 "프뉴마"(영)로 기록되어 있습니다. 때문에 본문은 영혼이 없는 자가 죽은 몸이 아니라 하나님의 영(靈)이 없는 몸이 죽은 자라 말씀하고 있는 것입니다. 이와 같이 하나님께서는 하나님의 백성들 안에 사람의 생명인 혼은 있어도 하나님의 생명인 영(靈)이 없으면 죽은 자라 말씀하시는 것입니다. 오늘날 천주교(天主敎)나 기독교(基督敎)는 죽은 자를 육신(肉身)의 몸으로 기준하고 있으나 하나님이나 예수님은 몸은 살아있어도 영(靈)이 없으면 죽은 자라 말씀하고 있는 것입니다. 성경(聖經)에 돌아가신 부친(父親)을 장사(葬事) 지내려고 가려는 제자에게 예수님께서 하신 말씀을 보면 죽은 자가 어떤 자를 말씀하고 있는지 보다 확실하게 알 수 있습니다.

[마태복음 8장 21절-22절] 제자 중에 또 하나가 가로되 주여 나로 먼저 가서 내 부친을 장사하게 허락 하옵소서 예수께서 가라사대 죽은 자들로 저희 죽은 자를 장사하게 하고 너는 나를 좇으라 하시니라

　　예수님께서 돌아가신 자기 부친(父親)을 장사(葬事)하고 오겠다는 그의 제자에게 죽은 부친은 죽은 자들로 장사(葬事)하게 하고 너는 나를 좇으라고 말씀하시고 있습니다. 그런데 죽은 자들이 죽은 부친(父親)을 장사(葬事)지낸다는 것은 어불성설(語不成說)입니다. 때문에 예수님께서 말씀하시는 죽은 자는 몸이 죽은 자들이 아니라 하나님의 영(靈)이 없는 자들을 말씀하고 있는 것입니다. 이와 같이 예수님은 혼(魂)은 가지고 있으나 영(靈)이 없으면 죽은 자라 말씀하고 있는데 오늘날 천주교인들이나 기독교인들은 육신(肉身)이 죽었을 때를 말하고 있는 것입니다. 때문에 죽은 자의 부활도 천주교인(天主敎人)들이나 기독교인(基督敎人)들은 죽은 몸이 다시 살아나는 것을 주장(主張)하고 있는데 예수님은 죽은 혼(魂)이 영(靈)으로 거듭나는 것을 말씀하고 있는 것입니다. 왜냐하면 하나님께서 흙으로 만든 사람의 몸 안에는 혼(魂)의 생명뿐 하나님의 생명인 영

(靈)이 없기 때문입니다.

　이와 같이 하나님이 인간(人間)을 흙으로 창조(創造)하실 때 생기(生氣)를 불어넣어 만든 생령(生靈)은 영(성령)이 아니라 혼(魂)입니다. 때문에 혼에 속한 첫 아담은 반드시 하나님의 말씀으로 엿새 동안 창조를 받아야 하나님의 영(靈), 즉 하나님의 아들로 거듭나게 되어 있는 것입니다. 예수님께서 이 세상에 오셔서 하신 일이 곧 혼에 속한 죄인(罪人)들을 하나님의 말씀을 통해서 영에 속한 하나님의 아들로 창조(創造)하시기 위해서 오신 것입니다. 하나님의 뜻은 곧 땅에 속한 육신(肉身)의 혼적 존재(魂的 存在)들을 구원하고 살려서 하늘에 속한 영적 존재(靈的 存在), 곧 하나님의 아들로 창조하시는 것입니다.

　예수님은 하나님의 뜻대로 땅에 속한 그의 제자(弟子)들을 삼년 반 동안 영의 말씀을 날마다 먹이고 입혀서 하늘에 속한 하나님의 아들들로 창조(創造)하신 것입니다. 이렇게 인간의 생명은 영으로 창조(創造) 받아야 할 혼이지 영이 아니라는 것을 알아야 합니다. 그러므로 사람은 육(肉)과 혼(魂)이 결합이 되어 사람으로 나타난 것이기 때문에 혼이 육신(肉身)의 몸에서 분리되면 곧 죽음이라 말하는 것입니다. 그런데 문제는 일반 교인들은 물론 목회자(牧會者)

들도 자신의 존재가 혼인지 영인지 그리고 자신은 죽어서 천국(天國)으로 가는지 지옥(地獄)으로 가는지도 모르는 자들이 허다하다는 것입니다.

　왜냐하면 아직 하나님의 생명으로 거듭나지 못한 존재들은 천국(天國)이나 지옥(地獄)을 가본적도 없지만 눈으로 본적도 없기 때문입니다. 이렇게 자신의 존재가 어떤 존재인지 그리고 천국이나 지옥이 어떤 곳인지를 말할 수 있는 사람은 오직 하나님의 생명(生命)으로 거듭난 하나님의 아들들입니다. 사람들이 인간은 만물(萬物)의 영장(靈長)이라 말하며 짐승들과 전혀 다르다고 말하지만 하나님은 사람이나 짐승이 모두 동일한 존재(存在)라고 말씀하고 있습니다.

[전도서 3장 16절-22절] 내가 해 아래서 또 보건대 재판하는 곳에 악이 있고 공의를 행하는 곳에도 악이 있도다. 내가 심중에 이르기를 의인과 악인을 하나님이 심판하시리니 이는 모든 목적과 모든 일이 이룰 때가 있음이라 하였으며 내가 심중에 이르기를 인생의 일에 대하여 하나님이 저희를 시험하시리니 저희로 자기가 짐승보다 다름이 없는 줄을 깨닫게 하려 하심이라 하였노라 인생에게 임하는 일이 짐승에게도 임하나니 이 둘에게 임하는 일이 일반이라 다 동일한 호흡이 있어서 이

의 죽음 같이 저도 죽으니 사람이 짐승보다 뛰어남이 없음은 모든 것이 헛됨이로다 다 흙으로 말미암았으므로 다 흙으로 돌아가나니 다 한 곳으로 가거니와 인생의 혼(영)은 위로 올라가고 짐승의 혼은 아래 곧 땅으로 내려가는 줄을 누가 알랴 그러므로 내 소견에는 사람이 자기 일에 즐거워하는 것보다 나은 것이 없나니 이는 그의 분복이라 그 신후사를 보게 하려고 저를 도로 데리고 올 자가 누구이랴

　하나님은 재판(裁判)하는 곳에도 악(惡)이 있고 공의(公儀)를 행하는 곳, 즉 신성한 성전(교회)에도 악(惡)이 있다고 말씀하십니다. 때문에 하나님은 의인(義人)과 악인(惡人)을 심판(審判)하시며 인생이 하는 일에 대해 시험(試驗)을 하여 사람이 짐승과 다름이 없음을 깨닫게 하시려는 것입니다. 또한 인생(人生)에게 임하는 일과 짐승에게 임하는 일이 모두 동일(同一)하여 사람이 짐승보다 뛰어남이 없다는 것과 짐승이 죽는 것과 같이 사람도 동일하게 죽는다는 것을 깨닫게 하신다는 것입니다. 그런데 중요한 말씀은 사람이나 짐승이나 모두 흙에서 왔기 때문에 다 흙으로 돌아가지만 하나님의 생명으로 거듭난 영(靈)은 하늘(위)로 올라가고 짐승의 혼(魂)은 땅(지옥)으로 내려간다는 것입니

다. 그런데 본문에 인생의 혼은 위로 올라간다고 기록된 혼(魂)이라는 단어는 원문(原文)에 혼(네페쉬)이 아니라 분명히 영(루아흐)으로 기록(記錄)되어 있습니다. 왜냐하면 하늘나라 곧 하나님이 계신 천국(天國)은 거룩한 영(靈)만 들어가는 곳이며 더러운 혼(魂)은 절대로 들어갈 수가 없고 모두 지옥(地獄)으로 가기 때문입니다.

이렇게 아직 하나님의 생명으로 거듭나지 못한 혼적 존재는 짐승과 다름이 없다는 것을 알아야 합니다. 그러므로 오늘날 하나님의 백성들은 하루속히 하나님의 말씀으로 창조(創造)를 받아 혼적 존재(魂的 存在)가 영적 존재(靈的 存在)로 거듭나야 하는 것입니다. 이렇게 진정한 신앙생활(神仰生活)은 자신의 존재를 알고 깨닫는 것이며 또한 신앙생활을 통해서 하나님의 뜻을 알고 하나님의 뜻을 이루어 가는 것입니다.

그러므로 이글을 청종하시는 분들은 유일하신 참 하나님과 그의 보내신 자 예수그리스도를 올바로 알아서 모두 하나님의 생명인 영으로 거듭나 하나님의 아들이 되어야 하는 것입니다.

넘치는 사랑

당신의 사랑은
나의 마음을
송두리째 빼앗아 가고
나의 생각과 마음과 입술에
온통 당신의 사랑으로
가득 채웠습니다

넘치는 사랑을 노래하며
넘치는 사랑을
나누어 주고 싶습니다

당신의 사랑을
기다리는 이를 찾으면
기다리는 이의 마음을 빼앗고
아름다운 사랑 이야기로
가득 채워줄 것입니다

사랑
넘칠 수 있도록...

11. 宗教의 種類와 特徵은 무엇인가?
(종교)　(종류)　(특징)

사람들의 욕심(慾心)에 따라

신도 진리(眞理)도

조금씩 변형(變形)하여

각종교리(各種敎理)를 만들어

오늘날 수백 수천 종파와 교파로

나타나게 된 것입니다.

종교(宗敎)의 종류(種類)와 특징(特徵)은 무엇인가?

　이세상의 종교(宗敎)는 헤아릴 수조차 없이 많이 있습
니다. 따라서 종교인들이 섬기는 신의 수도 많은 것입니다.
저자가 인도를 방문했을 때 가이드가 하는 말이 인도의 인
구가 약 십이억이나 되는데 신의 수는 인도의 인구의 수보
다 더 많다는 말을 들은 적이 있습니다. 이렇게 종교(宗敎)
의 수는 헤아릴 수조차 없이 많은데 대표적인 사대종교(四
大宗敎)는 불교(佛敎)와 기독교(基督敎)와 힌두교와 이슬람
교입니다.

　이와 같이 이 세상에는 종교(宗敎)도 많고 따라서 종교
마다 추구하는 신도 다르고 목적(目的)도 다른 것입니다.
그러나 모든 종교(宗敎)를 거슬러 올라가 보면 근원지는 모
두 하나라는 것을 알 수 있습니다. 왜냐하면 모든 종교(宗
敎)는 처음에 하나에서 시작되어 신도 한분이고 진리도 하
나이며 종교도 하나인데 사람들의 욕심(慾心)에 따라 신도
진리(眞理)도 조금씩 변형(變形)하여 각종교리(各種敎理)를
만들어 오늘날 수백 수천 종파와 교파로 나타나게 된 것입
니다.

그러므로 지금도 종교(宗敎)와 교리(敎理)의 틀을 모두 벗어버리면 신은 한분이시며 진리(眞理)도 하나이며 종교(宗敎)도 하나라는 것을 알 수 있습니다. 즉 우주만물을 창조(創造)하시고 인간의 생사화복(生死禍福)을 주관(主管)하시는 유일한 신은 오직 한분으로 영(靈)이신 하나님이며 그 외의 신은 모두 혼적인 잡신과 만신들입니다. 그러므로 오늘날 종교인(宗敎人)들은 하루속히 종교(宗敎)와 교리(敎理)의 틀을 벗어버리고 유일하신 하나님과 진리(眞理) 곧 생명의 말씀으로 돌아가야 합니다. 생명의 말씀은 오직 오늘날 살아계신 예수님과 부처님께 있습니다. 이제 사대 종교의 특징(特徵)에 대해서 알아보기로 하겠습니다.

불교(佛敎)

불교(佛敎)의 창시자는 석가모니 부처님이며 주된 신앙의 목적은 해탈(解脫) 성불(成佛)하여 부처가 되는 것입니다. 불교의 특징(特徵)은 신을 부정하며 자각(自覺)에 의해 해탈성불(解脫成佛)이 되어 부처가 된다고 주장을 하는 것입니다. 그러나 부처님은 반야심경(般若心經)을 통해서 반야(般若)를 신, 즉 시대신(是大神)이라 말씀하고 있으며 자

신이 무상정등정각(無上正等正覺)인 아눅다라삼먁삼보리
(阿耨多羅三邈三菩提)를 깨달아 부처가 된 것도 반야(般若)
에 의해서 된 것이라 말씀하고 있습니다. 반야는 기독교에
서 말하는 유일(唯一)하신 참 하나님을 말씀하고 있습니다.
불교의 근본 사상은 해탈(解脫)인데 해탈은 기독교에서 말
하는 부활(復活)과 용어만 다를 뿐이지 동일(同一)한 뜻입
니다. 즉 계란에서 부화되어 나오는 병아리를 보고 불교인
은 해탈(解脫)이라 말하고 기독교인들은 부활(復活)이라 말
하는 것뿐입니다.

　　그리고 불교는 자비(慈悲)의 종교라 말하고 기독교는
사랑의 종교라 말하는데 자비와 사랑도 용어만 다르지 동
일한 의미입니다. 부처님의 본체는 진리(眞理)며 영원한 생
명(生命)입니다. 때문에 불교는 부처님의 말씀을 통해서 불
자들을 해탈(解脫)시켜 부처를 만드는 것이며 불자들은 부
처님의 말씀을 통해서 해탈(解脫)하여 부처가 되는 것입니
다. 이를 상구보리(上求菩提) 하화중생(下化衆生)이라 말하
는데 이는 예수님이 말씀하신 새 계명, 즉 위로 하나님을
사랑하고 이웃을 네 몸과 같이 사랑하라는 말씀과 동일한
뜻입니다. 즉 상구보리(上求菩提)는 위로 보리를 구하여 부
처가 되라는 것이며 하화중생(下化衆生)은 보리를 구하여

부처가 되면 이웃에 죽어가는 중생(衆生)들을 구원(救援)하여 부처를 만들라는 것입니다. 이렇게 불교의 근본 사상은 해탈(解脫)과 성불이며 자리(上求菩提)와 이타(下化衆生)입니다.

기독교(基督敎)

기독교는 하나님께서 죄 가운데서 죽어가는 하나님의 백성들을 구원(救援)하기 위해서 보내주신 하나님의 아들 예수그리스도를 구주로 믿는 종교(宗敎)입니다. 기독교는 오직 기독교만이 구원이 있고 부활(復活)의 종교(宗敎)라 말하고 있습니다. 이 말은 타 종교에는 구원(救援)이나 부활(復活)이 없다는 뜻입니다. 그런데 기독교가 부활의 종교라면 죽은 몸이 부활(復活)이 되어 살아나야 하는데 예수님이 부활 되신 이후 이천년이 지난 지금까지 부활된 사람이 단 한 사람도 없다는 것입니다.

그런데도 불구하고 기독교(基督敎)가 부활(復活)의 종교(宗敎)라 말하고 있는 것입니다. 기독교가 진정한 부활(復活)의 종교(宗敎)라면 지금도 죽은 자들이 살아나야 부활의 종교라 말할 수 있는 것입니다.

문제는 오늘날 기독교인들은 예수님이 말씀하신 부활(復活)에 대해서 잘 모르고 있다는 것입니다. 즉 예수님은 성령(聖靈)으로 잉태(孕胎)되어 하나님의 아들로 부활되신 분으로 예수님은 영(靈)의 부활(復活)을 말씀하시는데도 불구하고 오늘날 기독교인들은 죽은 몸이 부활된다고 오해를 하고 있다는 것입니다. 오늘날 기독교인들은 하나님의 아들이신 예수그리스도를 구원자(救援者)로 믿고 입으로 시인(是認)만 하면 누구나 구원(救援)을 받아 하나님의 아들이 되어 천국(天國)으로 들어간다고 믿고 있습니다. 그러나 예수님은 그렇게 말씀하신 적이 없습니다. 예수님께서는 "나를 믿는 자는 누구나 천국에 다 들어가는 것이 아니라 내 아버지의 뜻대로 행하는 자가 들어간다"(마태복음 7장 21절)고 분명히 말씀하고 있습니다.

　　하나님의 뜻대로 행하는 것은 예수님을 구주로 믿고 예수님의 음성(말씀)을 듣고 예수님이 주시는 산 떡을 먹고 하나님의 생명으로 거듭나(부활) 천국(天國)을 침노하듯이 쳐들어가 하나님의 아들이 되는 것입니다. 예수님께서 말씀하시는 거듭남은 곧 혼적 존재(魂的 存在)가 죽고 영적 존재(靈的 存在)로 다시 사는 것을 말하고 있습니다. 이렇게 혼적 존재가 죽고 영적 존재로 부활(復活)될 때 하나님의 아들로 태어나는 것입니다. 그런데 오늘날 기독교인들은 사도신경을 통해서 몸이 다시 사는 것과 영원히 사는 것을 믿는다고 신앙고백(信仰告白)을 하고 있는 것입니다. 그러나 지금까지 죽은 영혼(靈魂)이 살아서 하나님의 아들이 된 사람은 있어도 죽은 몸이 다시 살아서 하나님의 아들이 된 사람은 단 한사람도 없습니다.

그럼에도 불구하고 오늘날 기독교인들은 부활(復活)이나 거듭남이 없어도 예수를 믿기만 하면 하나님의 아들이 되어 모두 천국(天國)에 들어간다고 믿고 있습니다. 때문에 예수님은 천국(天國)으로 들어가는 두 길을 말씀하시는데 하나는 예수를 믿기만하면 거듭남(부활)과 관계없이 누구나 쉽게 천국으로 들어가는 넓고 평탄한 멸망의 길과 또 하나는 하나님의 뜻대로 행하여 하나님의 생명으로 거듭난 (부활) 자들만이 힘들게 들어가는 좁고 협착한 생명의 길을 말씀하고 있는 것입니다.

이와 같이 예수님의 진정한 가르침이나 하나님의 뜻은 예수님이 주시는 생명의 말씀을 통해서 하나님의 생명으로 거듭나(부활) 하나님의 아들이 되는 것입니다. 때문에 하나님께서 인정(認定)하시는 하나님 아들의 기준(基準)은 곧 예수님입니다. 이와 같이 하나님의 아들로 거듭난 자들은 예수님과 같이 죄인(罪人)들의 죄(罪)를 사해주고 병든 영혼(靈魂)을 치료(治療)하고 죽은 영혼을 살려야 하나님께서 하나님의 아들로 인정(認定)을 하시는 것입니다. 때문에 오늘날 기독교인들은 아직 거듭나지 못한 삯군목자를 믿을 것이 아니라 오늘날 하나님의 생명으로 거듭난 하나님의 아들, 곧 오늘날의 예수를 믿어야 하는 것입니다.

힌두교

힌두교는 다신교로 수많은 신을 섬기는 종교(宗敎)인데 힌두교가 창시된 시기나 창시자는 분명치 않습니다. 힌두교의 신은 데바라는 남신과 데비라는 여신으로 분리하는데 대표적인 신은 브라흐만과 비슈누신과 시바신입니다.

이들이 섬기는 세신은 기독교(基督敎)의 삼위일체(三位一體) 하나님과 같이 브라흐만은 창조신(創造神)을 말하며 비슈누신은 유지(維持)하는 신을 말하며 시바신은 파괴(破壞)하는 신을 말하는데 브라흐만은 우주만물(宇宙萬物)을 창조하신 창조주(創造主)를 말하며 비슈누신은 무명(無明)의 중생(衆生)들을 구원하는 신을 말하며 시바신은 악(惡)을 행한 자들을 심판(審判)하는 신을 말하고 있는 것입니다.

　힌두교는 창시자(創始者)가 없고 기원전(紀元前) 약 천오백년 전에 외지로부터 인도에 들어온 아리안 족의 신앙(信仰)에서 비롯된 것이라 전해지고 있습니다. 때문에 힌두교는 석가모니 부처님이 불교(佛敎)를 창시하기 이전부터 존재하고 있었던 종교(宗敎)로 가장 오래된 종교라 할 수 있습니다. 그 당시 아리안 족이 믿고 섬기는 신은 브라흐만으로 창조신(創造神)이며 이들이 소유하고 있는 경전은 베다경 이었습니다. 베다경에 기록된 내용을 보면 우주만물(宇宙萬物) 창조(創造)와 영생(永生)에 대한 말씀이 기록되어 있는데 이는 베다경이 곧 모세의 율법서(律法書)이며 아리안 족은 이스라엘민족의 후손이라 사료됩니다.

　아리안족의 신앙은 구원(救援)과 영생(永生)이며 이들은 양을 잡아 창조신(創造神)에게 제사(祭祀)를 드리는 것이었습니다. 인도인들은 아리안들의 신앙을 받아들이면서 힌두교가 발생하게 된 것입니다. 때문에 힌두교의 근본사상(根本思想) 역시 처음에는 구원(救援)과 영생(永生)이었으나 세월의 흐름에 따라 신앙이 점차 변질되어 기복(祈福)을 위한 신앙(信仰)으로 전락하게 된 것입니다. 힌두교인들은 주로 요가수행을 하는데 특이한 것은 소를 신과 같이 신

성시하며 소고기를 먹지 않는다는 것입니다. 왜냐하면 베
다경에서 소는 창조신(創造神)을 상징(象徵)하기 때문입니
다.

이슬람교

이슬람의 기원(紀元)은 서기 610년 예언자 무함맏(마호
멧)이 40세 때 지금의 사우디아라비아 메카 근교의 히라
동굴에서 참선을 하던 중 대 천사 가브리엘을 통해 하나님
의 계시(啓示)를 받은 것으로부터 시작되었습니다. 그가 받
은 계시(啓示)는 모두 114장이며 이를 기록한 것이 바로 코
란입니다. 이슬람이란 평화로움이란 뜻이며 그 가르침은
현세에서 하나님의 가르침대로 행하면 내세에 평안하게 잘
살게 된다는 것입니다. 이슬람의 기본적 교리는 오주(五柱)
와 육신(六信)으로 되어 있는데 다음과 같습니다.

〈오주(五柱)〉

1. 신앙선언 : 알라(하나님)외에 다른 신은 없고 무함맏
   은 하나님의 사도임을 증언하는 것

2. 예배 : 하루에 다섯 번(새벽, 정오, 오후, 일몰, 밤) 정
   해진 시간에 메카를 향해 기도하며 절하는 것

3. 회사(구빈세) : 자기수입의 40분지 1 (최소경비를 뺀
   수익금의 40분지1)을 가난한 사람에게 전하는 것.

4. 단식 : 9월 라마단에 매일 새벽 동틀 때부터 저녁 일
   몰까지 아무것도 먹지 않는 것.

5. 성지순례 : 일생에 한번 메카를 순례하는 것. (이슬람
   력으로 12월 둘 하즈 순례기간에 해야 함)

〈육신(六信)〉

1. 하나님은 유일신으로 우주만물(宇宙萬物)을 창조하고
   운영하는 분이라는 것을 믿는 것

2. 하나님을 보좌하는 천사들의 존재를 믿는 것.

3. 경전들(구약 신약 코란)은 모두 하나님이 인간들에게
   전한 말씀이라는 것을 믿는 것.

4. 사도와 예언자들은 하나님이 보내서 하나님의 말씀을
   전하는 자로 믿는 것.

5. 정명(定命)은 하나님께서 인간들에게 지키라고 주신
   원칙(법)이 있다는 것과 인간들은 하나님이 주신 원칙

을 지켜야한다는 것을 믿는 것.

6. 최후 심판 일이 온다는 것과 심판 때에 사람들의 선업
과 악업에 따라 천국과 지옥으로 간다는 것을 믿는 것.

이슬람은 하나님을 알라라 부르는데 알라는 유일(唯一)
하신 성부하나님을 말하고 있습니다. 이슬람은 아브라함이
하갈을 통해서 낳은 이스마엘의 후손(아랍)으로부터 낳음
을 받은 마호멧에 의해서 이루어진 종교(宗敎)이며 유대교
는 사라에게서 낳은 이삭을 통해서 이어진 종교(宗敎)입니
다. 특이한 점은 이슬람의 신은 알라, 즉 하나님으로 오직
신은 한분이시며 하나님 이외에 다른 신은 존재(存在)하지
않기 때문에 예수님을 하나님의 아들로 인정을 하지 않으
며 예수님을 인간(人間)으로 마호멧과 같은 선지자(先知者)
나 사도(使徒)라 주장을 하고 있는 것입니다.

문제는 이슬람이 주장하는 대로 하나님의 생명을 소유
한 하나님의 아들이 없다면 죄사함을 받을 수 없고 죽은 영
혼(靈魂)이 살아서 천국(天國)으로 들어갈 수 없다는 것입
니다. 때문에 이슬람인들의 소망은 선업을 쌓아 내생에 좋
은 곳에 태어나 행복하게 잘 살려고 하는 것이며 하나님의
아들이 되어 천국에 가려는 것이 아닙니다.

이상과 같이 이 세상에는 사대종교만 있는 것이 아니라 사대종교에서 분리되거나 파생되어 나타난 종교들이 헤아릴 수조차 없이 많은 것입니다. 때문에 이들이 믿고 섬기는 신도 많고 각종 교리도 많고 따라서 종교의 종류도 많고 추구하는 목적도 각기 다른 것입니다.

　이 모두가 인간들 내면에 자리 잡고 있는 욕심에서 비롯된 것입니다. 그러나 하나님은 오직 한분이시며 진리도 하나이며 하나님의 생명도 하나입니다. 때문에 종교인들은 자신이 섬기는 신이나 교리의 틀을 모두 벗고 유일하신 하나님께 돌아가야 합니다.

　그보다 더 중요한 것은 하나님께서 죄인들을 구원하기 위해서 보내주신 오늘날 하나님의 아들을 믿고 영접(迎接)해야 합니다. 왜냐하면 하나님께서 하나님의 백성들을 구원(救援)할 다른 이름, 즉 예수님이 주시는 말씀 외에 다른 말씀을 주신 적이 없고 또 예수님께서도 내가 길이요 진리요 생명이니 나로 말미암지 않고는 아버지(천국)께 갈 자가 없다고 말씀하고 있기 때문입니다.

흑　암

공허하고 혼돈된 마음이
입을 열 때마다
어둡고 캄캄한 연기를 토설하며
주위를 흑암으로 몰아 갑니다

두려움으로 가득 찬
흑암의 세계를
광명한 불꽃으로 태워 버리고

정돈되고 안정된
마음의 세계를 열어 가며
아름다운 미래를 약속하면서
아름다운 세계를
창조해 갈 것입니다

12. 天主教를 믿지 않고는 天國에 갈 수 없는가?
　　(천주교)　　　　　　　　(천국)
無宗敎人, 無神論者, 他宗敎人들 중에도 착한
(무종교인)　　(무신론자)　　(타종교인)
사람이 많은데, 이들은 죽어서 어디로 가는가?

천국을 가고 못가는 것은
모두 하나님과
하나님의 아들이신 예수님의 권한이지
천주교나 신부님의 권한(權限)이
아니라는 것입니다.

천주교(天主教)를 믿지 않고는 천국(天國)에 갈 수 없는가?
무종교인(無宗敎人), 무신론자(無神論者), 타종교인(他宗敎人)들 중
에도 착한 사람이 많은데 이들은 죽어서 어디로 가는가?

　　천주교(天主敎)를 믿지 않으면 천국에 갈수 없느냐고
질문을 하는 것은 천주교인들만 모두 천국(天國)에 가고 타
종교인들은 지옥(地獄)으로 들어간다고 믿고 있기 때문입
니다. 그러면 종교가 없는 무신론자나 타 종교인들 중에 착
한사람이 많은데 이들은 죽어서 어디로 가느냐는 것입니
다. 이러한 현상(現狀)은 천주교의 신부님들이 천주교인들
만 천국에 들어가고 타 종교인이나 불신자(不信者)들은 지
옥을 간다고 말하기 때문이라 생각합니다. 과연 천주교인
(天主敎人)들의 주장(主張)대로 그렇게 될까요?
　　문제는 천국을 가고 못가는 것은 모두 하나님과 하나
님의 아들이신 예수님의 권한이지 천주교나 신부님의 권한
(權限)이 아니라는 것입니다. 때문에 천국을 들어가느냐 못
들어가느냐 하는 것은 오직 성경(聖經)에 기록된 예수님의
말씀을 통해서 확인(確認)해 보는 수밖에 없습니다. 왜냐하
면 하나님께서는 하나님의 백성들을 구원하여 살리는 것이
나 심판(審判)하여 멸(滅)하는 권세(權勢)를 모두 하나님의

아들이신 예수님께 위임(委任)을 하셨다고 말씀하고 있기 때문입니다.

[요한복음 5장 20절-25절] 아버지께서 아들을 사랑하사 자기의 행하시는 것을 다 아들에게 보이시고 또 그보다 더 큰일을 보이사 너희로 기이히 여기게 하시리라 아버지께서 죽은 자들을 일으켜 살리심 같이 아들도 자기의 원하는 자들을 살리느니라 아버지께서 아무도 심판하지 아니하시고 심판을 다 아들에게 맡기셨으니 이는 모든 사람으로 아버지를 공경하는 것 같이 아들을 공경하게 하려 하심이라 아들을 공경치 아니하는 자는 그를 보내신 아버지를 공경치 아니하느니라. 내가 진실로 진실로 너희에게 이르노니 내 말을 듣고 또 나 보내신 이를 믿는 자는 영생을 얻었고 심판에 이르지 아니하나니 사망에서 생명으로 옮겼느니라 진실로 진실로 너희에게 이르노니 죽은 자들이 하나님의 아들의 음성을 들을 때가 오나니 곧 이 때라 듣는 자는 살아나리라.

상기의 말씀을 보면 하나님 아버지께서 죽은 자들을 구원(救援)하여 살리는 권세(權勢)와 심판(審判)하는 권세(權勢)를 모두 하나님의 아들이신 예수님께 맡기셨다고 말씀하고 있습니다. 때문에 예수님은 아버지께서 죽은 자들을 일으켜 살리심 같이 아들도 자기의 원하는 자들을 살린다고 말씀하시는 것입니다. 예수님께서 내 말을 듣고 또 나를 보내신 자를 믿는 자는 영생을 얻어 심판(審判)에 이르지 않는데 이는 사망에서 생명으로 옮겼기 때문이라는 것입니다. 그런데 예수님은 이어서 죽은 자들이 하나님의 아들의 음성을 들을 때가 오나니 곧 이때라고 하시면서 아들의 음성을 듣는 자는 살아난다고 말씀하고 있습니다.

　문제는 죽은 자들이 살아나는 것은 성경(聖經)에 기록된 예수님의 말씀을 보거나 듣는 것이 아니라 현재 살아계신 아들(예수)의 음성을 듣는 자가 살아난다고 말씀하고 있다는 것입니다. 그리고 아들의 음성을 들을 때가 오는데 그때가 곧 지금이라는 것입니다. 이 말씀에 아들의 음성을 들을 때가 곧 이때라는 것은 지금 살아계신 하나님의 아들(예수님)이 계시다는 것입니다. 왜냐하면 죽은 자들이 살아나려면 반드시 오늘날 살아계신 하나님의 아들이 있어야 하기 때문입니다.

　이렇게 오늘날 죽은 자들을 살리는 하나님의 아들은 이천년 전에 오셨던 예수님도 아니고 앞으로 미래에 오실 예수님도 아니고 오늘날 살아계신 예수님이십니다. 왜냐하면 오늘날 살아계신 예수님이 없다면 아들의 입에서 나오는 음성을 들을 수 없고 아들의 음성을 듣지 못하면 죽은 자들이 살아나지 못하기 때문입니다. 이 말은 아직 하나님의 생명으로 거듭나지 못한 신부님이나 목사님들은 죽은 자들을 구원하여 살릴 수 없다는 뜻입니다.

즉 오늘날 하나님의 아들이 없거나 하나님의 아들이 지금 계셔도 교인(教人)들이 하나님의 아들을 믿지 않는다면 천주교인(天主教人)이든 기독교인(基督教人)이든 아니면 선(善)을 많이 베푼 자이든 아니든 상관없이 천국(天國)을 갈 수 없는 것은 물론 구원조차 받을 수 없다는 것입니다. 그럼에도 불구하고 오늘날 천주교인들이나 기독교인들은 이천년 전에 유대인들을 구원하러 오셨던 예수님은 믿으나 오늘날 하나님의 백성들을 구원(救援)하기 위해서 하나님께서 보내주신 하나님의 아들은 믿지 않고 오히려 이단(異端)으로 배척(排斥)을 하고 있다는 것입니다. 때문에 하나님은 오늘날 하나님의 아들을 영접하는 자 곧 그의 이름을 믿는 자에게는 하나님의 자녀가 되는 권세(權勢)를 주시겠다는 것입니다.

[요한복음 1장 9절-13절] 참빛 곧 세상에 와서 각 사람에게

비취는 빛이 있었나니 그가 세상에 계셨으며 세상은 그로 말미암아 지은바 되었으되 세상이 그를 알지 못하였고 자기 땅에 오매 자기 백성이 영접지 아니하였으나 영접하는 자 곧 그 이름을 믿는 자들에게는 하나님의 자녀가 되는 권세를 주셨으니 이는 혈통으로나 육정으로나 사람의 뜻으로 나지 아니하고 오직 하나님께로서 난 자들이니라.

상기의 말씀에 참빛은 하나님의 아들이신 예수님을 말하며 세상(世上)은 하나님의 백성들을 비유하여 말씀하고 있습니다. 그런데 하나님의 백성들이 하나님께서 보내주신 하나님의 아들을 알지 못하고 영접(迎接)하지 아니했다는 것입니다. 그러나 만일 하나님의 아들을 영접하는 자 곧 그의 말씀(이름)을 믿는 자들에게는 하나님의 자녀가 되는 권세(權勢)를 주시겠다는 것입니다.

그럼에도 불구하고 유대인들이나 오늘날 천주교인들도 하나님께서 보내주시는 하나님의 아들을 영접(迎接)하지 않는 것은 물론 믿지도 않는 것입니다. 그러므로 예수님 당시에 유대인들이 하나님의 아들을 믿지 않고 배척(排斥)한 것처럼 오늘날 천주교인이나 기독교인들도 하나님께서 오늘날 구원자(救援者)로 보내주신 하나님의 아들을 믿지 않고 배척(排斥)을 하고 있는 것입니다. 때문에 오늘날 하나님께서 구원자(救援者)로 보내주신 하나님의 아들을 믿는 자는 구원을 받아 천국(天國)을 갈 수 있지만 오늘날의 예수를 믿지 않는 자들은 천주교인이나 기독교인이나 그리고 선한 일을 많이 한 자도 천국(天國)에 갈 수 없는 것입니다. 이와 같이 천국은 천주교인이라고 들어가고 타 종교인이라고 못 들어가는 것이 아니라 하나님께서 오늘날의 구원자(救援者)로 보내주시는 하나님의 아들을 믿느냐 안 믿느냐에 달려있는 것입니다.

문제는 천주교인들이나 기독교인들이 이천년 전에 유대인들을 구원(救援)하기 위해서 오셨던 예수님은 모두 잘 믿는데 하나님께서 오늘날 하나님의 백성들을 구원하기 위해서 보내주시는 오늘날의 예수(구원자), 즉 오늘날 하나님의 생명으로 거듭난 하나님의 아들은 믿지 않는다는 것입니다. 왜냐하면 오늘날 천주교인이나 기독교인들이 믿고 기다리는 예수님은 천사장의 나팔소리와 함께 구름을 타고 권능으로 오시는 화려한 모습의 예수님인데 오늘날 하나님께서 보내주시는 예수님은 예전에 말구유로 오셨던 그대로 초라한 인간의 모습으로 오시기 때문입니다.

때문에 이사야서를 통해서 오늘날 하나님께서 보내주

시는 예수님에 대하여 이렇게 말씀하고 있는 것입니다.

[이사야서 53장 1절-3절] 우리의 전한 것을 누가 믿었느뇨 여호와의 팔이 뉘게 나타났느뇨 그는 주 앞에서 자라나기를 연한 순 같고 마른땅에서 나온 줄기 같아서 고운 모양도 없고 풍채도 없은즉 우리의 보기에 흠모할만한 아름다운 것이 없도다 그는 멸시를 받아서 사람에게 싫어 버린바 되었으며 간고를 많이 겪었으며 질고를 아는 자라 마치 사람들에게 얼굴을 가리우고 보지 않음을 받는 자 같아서 멸시를 당하였고 우리도 그를 귀히 여기지 아니하였도다.

상기의 말씀은 하나님께서 오늘날 구원자(救援者)로 보내주시는 하나님의 아들에 대하여 말씀하신 것입니다. 그런데 예수님은 하나님 앞에서 자라나기를 연한 순 같고 마른땅에서 나온 줄기 같아서 고운 모양도 없고 풍채(風采)도 없기 때문에 우리의 보기에 흠모할만한 아름다운 것이 아무것도 없다는 것입니다. 때문에 초라한 예수님은 사람들에게 멸시천대(蔑視賤待)를 받는 것이며 따라서 하나님의 백성들이 예수를 싫어 한다는 것입니다.

문제는 예수님을 믿고 따르는 예수님의 제자(弟子)들

도 예수님을 귀히 여기지 아니했다고 말씀하고 있습니다. 왜냐하면 하나님께서 구원자로 보내 주시는 하나님의 아들은 고운 모양(模樣)도 없고 풍채(風采)도 없는 지극히 평범한 인간(人間)의 모습으로 오시기 때문입니다.

그런데 본문에서 말씀하시는 예수님은 이천년 전에 오셨던 예수님이나 앞으로 오실 예수님은 물론 오늘날 하나님의 백성들을 구원하기 위해서 오신 예수님의 실체, 곧 모습을 말씀하고 있는 것입니다. 그러므로 오늘날 천주교인들이나 기독교인들은 이사야 선지자(先知者)를 통해서 말씀하시는 예수님을 믿고 영접(迎接)해야 합니다. 그러면 오늘날 구원자로 오신 예수의 모습은 평범한 인간처럼 초라하지만 그가 바로 죄인(罪人)들의 죄(罪)를 사(赦)해주시고 죽은 영혼(靈魂)들을 살려서 하나님의 생명으로 거듭나게 하여 천국(天國)으로 인도 할 것입니다.

그러므로 오늘날 천주교인이나 기독교인이나 혹은 타종교인이나 불신자(不信者)라 해도 하나님께서 구원자(救援者)로 보내주시는 오늘날의 예수님을 믿고 영접(迎接)해야 합니다.

사 랑

당신의
따뜻한 사랑은
내 안에 들어오셔서
향기로운 제물이 되셨고
깊고 깊은 음부 속까지 내려가
사랑을 하셨습니다

당신의
사랑의 빛은
사망의 그늘에 앉아 있는
나를 일으켜 세우고
당신의 따뜻한 사랑을
토설하게 하셨습니다

당신의
향기로운 제물이
사랑을 만들고
사랑을 낳으셨습니다

13. 宗敎의 目的은 모두 착하게 사는 것인데,
　　(종교)　(목적)

왜 天主敎만 第一이고, 다른 宗敎는 異端視하나?
　　(천주교)　(제일)　　　　　　　　　(이단시)

천주교인들이 특이한 점은
성경(聖經)에 기록된 하나님의 말씀이나
하나님의 계명보다
카톨릭이 만든 정통교리(正統敎理)를
더 믿고 섬기고 있다는 것입니다.

종교(宗教)의 목적(目的)은 모두 착하게 사는 것인데 왜 천
주교(天主教)만 제일이고 다른 종교(宗教)는 이단시(異端視)
하나?

　이 질문을 답하기 전에 먼저 천주교(天主教)의 기원(紀
元)과 역사(歷史)에 대해서 알아보기로 하겠습니다. 그런데
천주교의 기원과 역사는 확실한 증빙서류나 서적이 별로
없기 때문에 확인하기가 어렵다는 것입니다. 천주교는 가
톨릭에서 유래된 종교인데 카톨릭은 콘스탄티누스 황제가
기독교(基督教)를 국교로 정한 이후 세월이 흐름에 따라 분
열된 기독교를 하나로 통합하기 위해서 초대교황을 베드로
로 정하고 제 2대 교황을 세움으로 시작된 종교(宗教)입니
다. 카톨릭이란 뜻은 "보편적인, 일반적인, 공통적인"이라
는 의미로 오늘날 천주교회에서는 카톨릭을 사랑의 공동체
(共同體)라 말하고 있습니다.
　천주교인들이 특이한 점은 성경(聖經)에 기록된 하나
님의 말씀이나 하나님의 계명보다 카톨릭이 만든 정통교리
(正統敎理)를 더 믿고 섬기고 있다는 것입니다. 천주교회에
서 마리아 상이나 예수님의 상을 만들어 놓고 그 형상에 절
을 하며 기도를 할 수 있는 것은 바로 천주교의 교리(敎理)

때문입니다. 하나님께서 하나님의 백성들에게 대대손손 영원토록 지키라고 주신 계명은 곧 하나님의 종 모세를 통해서 주신 십계명(十誡命)입니다.

때문에 하나님의 백성들은 반드시 하나님이 주신 십계명을 지켜야 합니다. 그런데 천주교회에서는 하나님께서 제 이 계명을 통하여 자기를 위해 아무 형상이든지 만들지 말고 그것들에게 절하지 말며 그것들을 섬기지 말라는 이 계명을 삭제해 버리고 천주십계를 만들어 지키고 있는 것입니다. 그러므로 하나님께서 하나님의 백성들에게 지키라고 명하신 십계명 중에 제 이 계명을 살펴보도록 하겠습니다.

십계명의 제 2 계명 : 너는 자기를 위하여 새긴 우상을 만들지 말고 위로 하늘에 있는 것이나 아래로 땅에 있는 것이나 땅밑 물속에 있는 것의 아무 형상이든지 만들지 말며 그것들에게 절하지 말며 그것들을 섬기지 말라 나 여호와 너의 하나님은 질투하는 하나님인즉 나를 미워하는 자의 죄를 갚되 아비로부터 아들에게로 삼 사대까지 이르게 하려니와 나를 사랑하고 내 계명을 지키는 자에게는 천대까지 은혜를 베푸느니라. (신명기 5장 8절-10절)

하나님께서는 하나님의 말씀을 일점일획(一點一劃)이라도 더하거나 빼지 말라고 엄히 명하고 있습니다. 그런데 천주교회에서는 하나님의 계명(誡命)이며, 법(法)이며, 명령(命令)인 십계명의 제 이 계명을 송두리째 빼어버리고 천주교(天主敎)의 교리(敎理)로 십계(十戒)를 만들어 지키고 있는 것입니다. 때문에 천주교인들은 마리아의 형상(形象)이나 예수님의 형상(形象)을 마음대로 만들 수 있고 만든 형상들에게 자유스럽게 절을 하며 섬길 수가 있는 것입니다. 이런 행위는 하나님을 대적(對敵)하는 행위(行爲)이며 하나님의 이름(말씀)을 망령되이 여기는 것이며 하나님께 죄를 범(犯)하는 행위(行爲)입니다. 그럼에도 불구하고 천주교는 자신들만이 옳다고 주장(主張)을 하며 다른 종교는 이단시(異端視) 하고 있는 것입니다.

기독교회는 카톨릭교회가 면죄부(免罪符)를 매도(賣渡)하는 것을 보고 마틴루터가 부패(腐敗)한 카톨릭에 반기를 들면서 종교개혁(宗敎改革)을 하여 발생한 종교입니다. 면죄부(免罪符)란 죄를 범한 사람도 교회에 헌금을 내면 그 죄(罪)를 모두 사해준다는 교황의 특권(特權)을 말합니다. 세상에 유전무죄 무전유죄라는 말이 있듯이 신성한 교회에서도 돈이 있으면 죄를 사(赦)함을 받고 돈이 없는 자는 죄

사함도 못 받는다는 것입니다. 이것이 바로 천주교회(天主教會)에서 행한 일들입니다.

그런데 천주교는 지금도 자신들만이 정통보수신앙(正統保守信仰)이며 기독교는 물론 타 종교를 모두 이단시(異端視)하는 것입니다. 그러나 기독교회에서는 오히려 천주교의 잘못된 부분들을 바라보며 이단시(異端視) 하고 있는 것입니다. 왜냐하면 천주교는 면죄부(免罪符)를 팔아먹은 것보다 하나님의 계명(誡命)을 묵살(默殺)하고 천주교의 교리를 만들어 마리아를 형상화(形象化)하여 예수님보다 더 믿고 섬기기 때문입니다. 그럼에도 불구하고 천주교만 제일 올바른 종교이며 다른 종교는 잘못된 이단(異端)이라고 말하고 있는 것입니다.

이것은 장사꾼들이 서로 가짜 물건을 팔면서도 자기가 파는 물건은 진짜이고 남이 파는 물건은 다 가짜라고 주장(主張)하는 것과 같은 것입니다. 그러나 하나님은 한분이시고 진리(眞理)도 하나이며 하나님의 생명도 하나인 것입니다. 그런데 하나님의 말씀을 가지고 서로 가감(加減)하여 각종 교리를 만들어 가지고 자기 교리만 정통(正統)이고 다른 것은 모두 잘못된 가짜이며 이단(異端)이라 모함을 하고 있는 것이 오늘날 종교(宗敎)의 현실(現實)입니다. 때문에 예수님은 이렇게 말씀하고 계십니다.

　[마태복음 7장 1절-5절] 비판을 받지 아니하려거든 비판하지
말라 너희의 비판하는 그 비판으로 너희가 비판을 받을 것이요
너희의 헤아리는 그 헤아림으로 너희가 헤아림을 받을 것이니
라 어찌하여 형제의 눈 속에 있는 티는 보고 네 눈 속에 있는
들보는 깨닫지 못하느냐 보라 네 눈 속에 들보가 있는데 어찌
하여 형제에게 말하기를 나로 네 눈 속에 있는 티를 빼게 하라
하겠느냐 외식하는 자여 먼저 네 눈 속에서 들보를 빼어라 그
후에야 밝히 보고 형제의 눈 속에서 티를 빼리라

　　상기의 말씀은 예수님께서 너희가 비판을 받지 아니하
려거든 남을 비판(批判)하지 말라는 것입니다. 왜냐하면 너
희가 남을 비판하면 비판한대로 비판을 받고 남을 헤아리
면 그 헤아림으로 인해 너희도 헤아림을 받기 때문이라는
것입니다.
　　이어서 예수님은 어찌하여 형제의 눈 속에 있는 티는
보고 네 눈 속에 있는 들보는 깨닫지 못하느냐고 말씀하시
면서 형제의 눈 속에 있는 티를 빼려면 네 눈 속에 있는 들
보부터 빼라는 것입니다. 그 후에 형제의 눈 속에 있는 티

를 밝히 보고 티끌을 빼어주라는 것입니다. 예수님은 이렇게 남을 판단(判斷)하거나 비판(批判)하지 말라고 분명히 말씀하시는데 천주교인들은 남의 종교가 잘못되었다고 비판을 하며 이단(異端)시 하고 있다는 것입니다.

천주교는 사랑의 공동체(共同體)로 남을 이해(理解)하며 서로 돕고 사랑을 베푼다고 말하면서 남의 종교를 이단(異端)으로 정죄(定罪)하거나 비판(批判)하면 안 되는 것입니다. 그러므로 천주교회는 이제부터라도 진정으로 남을 이해하고 상대의 허물을 감싸며 서로 사랑하는 교회로 거듭나야 합니다. 그러면 하나님께서 기뻐하시며 모든 잘못을 용서(容恕)해주실 것입니다.

선과 악

악인의
원수 갚는 것이
내게 있는 것이 아니라
살아계신 하나님께로라

선을 행한 자에게는
선으로
악을 행한 자에게는
악으로 갚으시는 줄
내가 알았노라

그러나
하나님의 공의와 사랑이
내게 힘이 되고 능력이 되어
영생하리라

人間이 죽은 후에 靈魂은 죽지 않고, 天國이나
　(인간)　　　　　　　　　(영혼)　　　　　　　　　　(천국)
地獄으로 간다는 것을 어떻게 믿을 수 있나?
(지옥)

　　　　　　　　　육신(肉身)의 세계에
　　　　　살고 있는 기독교인이나 천주교인들은
　　　　　사후에　천국(天國)과 지옥(地獄)이
　　　　　　　　　있을 것이라는 것을
　　　　　막연히 믿고 있는 것입니다.

인간(人間)이 죽은 후에 영혼(靈魂)은 죽지 않고 천국(天國)이
나 지옥(地獄)으로 간다는 것을 어떻게 믿을 수 있나?

　이 질문은 신부나 목사 혹은 신학 박사라 해도 분명하
게 대답할 수 있는 문제가 아닙니다. 왜냐하면 천국이나 지
옥은 죽어서 가본 사람만이 알 수 있기 때문에 모두 천국
(天國)이나 지옥(地獄)이 있다는 것을 막연히 믿고 있을 뿐
입니다. 그런데 문제는 천국이나 지옥을 가본 사람이 천국
과 지옥에 대해서 말을 해준다 해도 천국과 지옥의 실체를
모르는 사람들은 이해(理解)할 수가 없고 받아들일 수도 없
다는 것입니다.
　이것은 육지의 세계(世界)를 돌아본 거북이가 다시 바
다 속으로 돌아가서 바다 속에 살고 있는 물고기들에게 육
지의 세계를 아무리 자세히 설명을 해준다 해도 물고기들
은 육지(陸地)의 세계(世界)를 이해하지 못할 뿐만 아니라
믿지도 않는 것과 같습니다. 이렇게 이 세상은 육(肉)의 세
계와 혼(魂)의 세계와 영(靈)의 세계가 있는데 육의 세계에
서 사는 사람은 혼의 세계를 모르고 혼의 세계에서 살고 있
는 사람은 영의 세계를 알 수 없는 것입니다. 때문에 육신

(肉身)의 세계에 살고 있는 천주교인들은 사후에 천국(天國)과 지옥(地獄)이 있을 것이라는 것을 막연히 믿고 있는 것입니다. 그러나 육(肉)의 세계와 혼(魂)의 세계에서 벗어나 영(靈)의 세계에 오른 하나님의 아들은 천국(天國)과 지옥(地獄)을 모두 알고 분명히 증거(證據) 할 수 있는 것입니다.

그런데 하나님의 아들이 천국과 지옥을 말해주어도 육신에 속해있는 자들은 듣지도 못하고 믿지도 않는다는 것입니다. 때문에 영에 속한 예수님의 말씀을 육신(肉身)에 속한 유대인들이 듣지 못하고 배척(排斥)을 한 것입니다. 예수님께서 유대인들에게 너희는 귀가 있어도 듣지 못하고 눈이 있어도 보지 못한다고 말씀하신 것은 유대인들이 아직 육신(肉身)에 속해 있기 때문입니다. 오늘날 천주교인들이나 기독교인들도 아직 육신에 속해 있다면 영에 속한 하나님의 아들의 말씀을 들을 수가 없기 때문에 배척(排斥)할 수밖에 없는 것입니다.

육(肉)의 세계는 짐승과 같이 육신(肉身)에 속한 사람들의 세계를 말하며 혼(魂)의 세계는 육신의 정욕(情欲)에서 벗어난 자들의 세계를 말하며 영(靈)의 세계는 혼이 죽고 영으로 부활(復活)된 영들의 세계를 말하고 있습니다. 그러므로 천국과 지옥은 예수님이나 사도들과 같이 육신의 존재와 혼적 존재(魂的 存在)가 죽고 영적 존재(靈的 存在)로 거듭나 천국이 이루어진 하나님의 아들들만이 알 수 있는 것입니다.

　　오늘날 천주교인들이나 기독교인들은 천국을 이 세상과 비교 할 수 없이 환경(環境)이 좋고 사람들이 살기 좋은 곳으로 어느 특정한 장소(場所)로 알거나 믿고 있으며 지옥은 고통스러운 곳으로 기름 가마가 끓을 정도로 뜨거운 곳 그리고 마귀와 독사들이 우굴 거리는 열악(劣惡)한 장소(場所)로 알고 있습니다. 그런데 천국에 이른 하나님의 아들들은 천국(天國)이나 지옥(地獄)이 어느 특정한 장소(場所)가 아니라 존재, 즉 천국이 이루어진 사람이라 말하고 있습니다. 즉 천국(天國)은 육(肉)과 혼(魂)의 세계를 벗어난 영적(靈的)인 존재(存在), 즉 하나님의 아들들을 말하며 지옥은 혼(魂)이 육신 안에 갇혀서 몸에 종노릇하며 살아가는 육신(肉身)의 존재들을 말하고 있습니다. 왜냐하면 천국은 하나님이 계신 곳을 말하는데 하나님은 하나님의 아들 안에 즉 예수님 안에 계시기 때문입니다. 예수님께서 유대인들을 향해 "회개하라 천국이 가까이 와 있다"고 말씀하신 것은 바로 예수님이 가까이 와 있다는 뜻입니다. 천국(天國)은 곧 하나님이 계신 하나님의 나라를 말하는데 하나님은 예수님 안에 계시기 때문에 예수님을 하나님의 나라 혹은 천국(天國)이라 말하는 것입니다. 이렇게 하나님의 나라(天國)는 어느 특정한 장소를 말하는 것이 아니라 하나님이 안에 계신 예수님과 하나님의 생명으로 거듭난 하나님의 아들들을 말하고 있는 것입니다. 하나님의 나라는 예수님께서 말씀하시는 것을 보면 더욱 확실하게 알 수 있습니다.

[누가복음 17장 20절-21절] 바리새인들이 하나님의 나라가 어느 때에 임하나이까 묻거늘 예수께서 대답하여 가라사대 하나님의 나라는 볼 수 있게 임하는 것이 아니요 또 여기 있다 저기 있다고도 못하리니 하나님의 나라는 너희 안에 있느니라.

바리새인들이 묻고 있는 하나님의 나라는 곧 천국(天國)을 말하고 있습니다. 그런데 예수님께서 천국은 여기 있고 저기 있는 것이 아니라 너희 안에 있다고 말씀을 하십니다. 이 말씀 때문에 오늘날 천주교인들이나 기독교인들이 천국이 자신들 안에 있다고 말을 합니다. 그런데 불합리한 것은 천국이 자신들 안에 있다고 하면서 또 천국을 간다고 말을 하고 있다는 것입니다. 천국이 안에 있는 자는 천국

(天國)이 성취된 하나님의 아들이기 때문에 천국을 갈 필요가 없습니다. 왜냐하면 천국이 이루어진 하나님의 아들은 천국(天國)이나 지옥(地獄)이나 지금 살고 있는 이 세상도 모두 천국(天國)이기 때문입니다. 오늘날 기독교인들이 천국을 가려는 것은 아직 천국이 이루어지지 않았기 때문인데 천국이 이루어지지 않았다는 것은 아직 하나님의 아들로 거듭나지 못했다는 증거입니다. 그럼에도 불구하고 기독교인들은 하나님을 자기 아버지처럼 아바 아버지라 부르고 있는 것입니다. 이것은 종의 신분(身分)이나 피조물(被造物)의 상태에 있는 기독교인들이 하나님을 함부로 망령되이 부르며 죄(罪)를 범하는 행위(行爲)입니다.

그러면 예수님께서 하나님의 나라가 너희 안에 있다고 말씀하신 뜻은 어떤 의미인가요? 예수님께서 하나님의 나라가 너희 안에 있다고 말씀하신 뜻은 바리새인들이 모여 있는 중앙에 하나님의 나라인 예수님이 있다고 말씀하신 것입니다. 이와 같이 하나님이 계신 하나님의 나라 곧 천국(天國)은 예수님 자신을 말하고 있는 것이며 바리새인이나 오늘날 기독교인들 안에 있다는 말이 아닙니다. 때문에 천국(天國)은 사후에 가는 곳이 아니라 살아있는 동안 예수님을 통해서 이루는 것입니다. 그러므로 현생(現生)에서 천국이 이루어진 자는 죽어도 천국(天國)이며 현생에 천국을 이루지 못한 자들은 죽어도 지옥(地獄)인 것입니다.

이렇게 천국은 사후에 어느 특정한 곳으로 들어가는 것이 아니라 살아생전에 하나님의 생명으로 거듭나서 천국(天國)을 이루는 것입니다. 만일 지금이라도 하나님의 생명으로 거듭나 하나님의 아들이 된다면 천국(天國)이나 지옥(地獄)을 분명히 알고 증거(證據) 할 수 있는 것입니다. 그런데 이렇게 천국(天國)이 이루어진 자가 천국을 말해주어도 지옥(地獄)에서 살고 있는 자들은 이해하지 못하고 받아들이지도 않는다는 것입니다. 예수님께서 부자와 거지 나사로를 들어서 천국(天國)과 지옥(地獄)을 말씀하신 것을 살펴보기로 하겠습니다.

[누가복음 16장 19절-31절] 한 부자가 있어 자색 옷과 고운 베옷을 입고 날마다 호화로이 연락하는데 나사로라 이름한 한 거지가 헌데를 앓으며 그 부자의 대문에 누워 부자의 상에서 떨어지는 것으로 배불리려 하매 심지어 개들이 와서 그 헌데를 핥더라 이에 그 거지가 죽어 천사들에게 받들려 아브라함의 품에 들어가고 부자도 죽어 장사되매 저가 음부에서 고통 중에 눈을 들어 멀리 아브라함과 그의 품에 있는 나사로를 보고 불

러 가로되 아버지 아브라함이여 나를 긍휼히 여기사 나사로를
보내어 그 손가락 끝에 물을 찍어 내 혀를 서늘하게 하소서 내
가 이 불꽃 가운데서 고민하나이다 아브라함이 가로되 얘 너는
살았을 때에 네 좋은 것을 받았고 나사로는 고난을 받았으니
이것을 기억하라 이제 저는 여기서 위로를 받고 너는 고민을
받느니라 이뿐 아니라 너희와 우리 사이에 큰 구렁이 끼어 있
어 여기서 너희에게 건너가고자 하되 할 수 없고 거기서 우리
에게 건너 올 수도 없게 하였느니라 가로되 그러면 구하노니
아버지여 나사로를 내 아버지의 집에 보내소서 내 형제 다섯이
있으니 저희에게 증거하게 하여 저희로 이 고통 받는 곳에 오
지 않게 하소서 아브라함이 가로되 저희에게 모세와 선지자들
이 있으니 그들에게 들을찌니라 가로되 그렇지 아니하니이다
아버지 아브라함이여 만일 죽은 자에게서 저희에게 가는 자가
있으면 회개 하리이다 가로되 모세와 선지자들에게 듣지 아니
하면 비록 죽은 자 가운데서 살아나는 자가 있을찌라도 권함을
받지 아니하리라 하였다 하시니라.

　상기의 말씀은 예수님께서 한 부자와 거지 나사로를 들
어서 현실(現實)의 천국(天國)과 지옥(地獄) 그리고 사후의
천국과 지옥을 말씀하고 있는 장면입니다. 현생에서 부자

는 자색 옷과 고운 베옷을 입고 날마다 호화로이 잔치를 베풀며 호의호식(好衣好食)을 하면서 천국과 같은 생활을 하는데 거지 나사로는 헌데를 앓으며 부자의 대문에 누워 부자의 상에서 떨어지는 것을 주워서 배를 채우며 연명(延命)해 가는데 가끔 개들이 와서 상처난데를 핥기 때문에 쓰라린 고통(苦痛)을 참아가며 지옥(地獄)과 같은 삶을 살고 있는 것입니다. 그런데 거지 나사로는 죽어서 천사(天使)들에 받들려 아브라함의 품에 들어갔고 부자는 죽어서 음부로 들어가 온갖 고통을 받고 있는 것입니다.

거지 나사로가 아브라함의 품으로 들어갔다는 곳은 곧 천국(天國)에 들어갔다는 것이며 부자가 지금 뜨거운 불꽃 가운데서 고통(苦痛)을 받고 있다는 곳은 곧 지옥(地獄)을 말하고 있습니다. 음부로 들어간 부자가 아브라함에게 나사로를 보내 손끝에 물 한 방울이라도 떨어트려 내 입술이라도 시원하게 해달라고 부탁(付託)하는 것을 보면 지옥이 얼마나 고통스러운 곳이라는 것을 짐작 할 수 있을 것입니다. 그런데 나사로가 목이 갈한 부자에게 물을 좀 주려고 해도 줄 수 없는 것은 나사로가 있는 천국(天國)과 부자(富者)가 있는 음부 사이에는 큰 구렁이 끼어 있어 오고 갈 수가 없기 때문입니다. 이러한 천국(天國)과 지옥(地獄)의 현실을 깨닫게 된 부자는 아브라함에게 나사로를 내 아버지의 집에 보내서 내 형제 다섯에게 사후(死後)의 천국(天國)과 지옥(地獄)을 알려주어 저희로 이 고통을 받는 지옥으로 들어오지 않게 해달라고 간절히 부탁을 하는 것입니다. 그런데 아브라함은 부자에게 너희 형제들에게 이미 모세와 선지자(先知者)들이 가서 천국(天國)과 지옥(地獄)에 대해서 말씀을 전하고 있다는 것입니다.

그런데 부자는 아브라함에게 내 형제들이 모세와 선지자가 전하는 말은 듣지 않는다 해도 지금 죽은 자 가운데서 살아난 자가 가서 지옥(地獄)을 전하면 잘 듣고 회개할 것이라 말하고 있습니다. 그런데 아브라함은 부자에게 지금 살아있는 모세와 선지자들의 말을 듣지 않는다면 비록 죽은 자가 살아서 네 형제(兄弟)들에게 가서 전한다 해도 듣지 않는다고 말씀하고 있습니다. 이와 같이 오늘날 천주교인들이나 기독교인들도 지금 죽은 자 가운데서 살아나 하나님의 아들로 거듭난 자가 천국(天國)과 지옥(地獄)에 대해서 알려 주어도 듣지 않을 뿐만 아니라 믿지도 않는 것입니다.

그러나 예수님은 지금도 나를 믿고 내 음성을 듣고 내가 주는 산 떡, 즉 생명의 말씀을 먹는 자는 살아난다고 말씀하시는 것입니다. 오늘날의 예수님은 오늘날 하나님의 생명으로 거듭난 하나님의 아들을 말합니다. 이상과 같이 하나님이 계신 천국(天國)은 하나님의 아들들을 말하며 지옥(地獄)은 아직 하나님의 아들로 거듭나지 못한 존재(存在)들을 말씀하는 것입니다. 예수님은 지금도 나를 믿고 내 음성을 듣고 내가 주는 말씀을 먹는 자는 살아나 천국(天國)이 이루어진다고 말씀하고 계십니다.

꿈

겨울에
앙상했던 가지에
새순이 돋아 나더니
여름에 만개 되어
활짝 웃어 주며 반겨 주던
개나리 진달래 벚꽃 아카시아 철쭉

심술 궂은 여름비에
모두 못 이겨
꽃잎은 떨어지고
무성한 잎새만 남아
가을을 맞이 하여
누가 먼저 아름다운 채색옷 갈아 입을까

서로 다투다 지쳐 버린 듯
떨어지는 낙엽 소리에 문득 뒤 돌아 보니
지나 온 세월이
어젯밤 꿈만 같구려

15. 信仰이 없어도 富貴를 누리고, 惡人 중에도
(신앙)   (부귀)   (악인)
富貴와 安樂을 누리는 사람이 많은데, 神의
(부귀) (안락)   (신)
敎訓은 무엇인가?
(교훈)

오늘날 하나님을 믿지 않는
불신자(不信者)들도 선(善)하게 살면
복(福)을 받고 악(惡)하게 살면
화(禍)를 당한다는 것으로 알고
되도록이면 선하게 살려고
노력하고 있습니다.

신앙(信仰)이 없어도 부귀(富貴)를 누리고 악인(惡人)
중에도 부귀(富貴)와 안락(安樂)을 누리는 사람이
많은데 신(神)의 교훈(敎訓)은 무엇인가?

　이질문은 하나님을 믿지 않고 신앙생활(信仰生活)을 하
지 않아도 잘사는 사람이 있고 악(惡)을 행하는 사람도 편
안히 부를 누리는 사람이 많은데 하나님은 무엇을 하시는
분이며 이런 일을 통해서 인간들에게 가르쳐주시는 교훈
(敎訓)은 무엇이냐는 것입니다.
　이런 의문(疑問)은 천주교인들뿐만 아니라 모두가 궁금
해 하는 것들 중에 하나입니다. 왜냐하면 천주교인들의 신
앙은 하나님께서 악(惡)을 행하는 사람들은 징계(懲戒)와
고통(苦痛)을 주시고 하나님을 잘 믿는 사람들에게는 복
(福)을 주어 편안히 잘 살게 해주신다는 것을 믿고 있기 때
문입니다. 오늘날 하나님을 믿지 않는 불신자(不信者)들도
선(善)하게 살면 복(福)을 받고 악(惡)하게 살면 화(禍)를 당
한다는 것으로 알고 되도록이면 선하게 살려고 노력하고
있습니다. 그런데 이상하게도 신앙생활(信仰生活)을 하지
않는 사람이 부귀(富貴)를 누리는 사람이 있고 악(惡)을 행

하는 사람도 부귀(富貴)와 안락(安樂)을 누리며 행복하게
사는 사람이 있다는 것입니다. 문제는 천주교인들이나 기
독교인들도 하나님의 깊은 뜻을 모르고 지금 당장 눈에 보
이는 것만 보고 판단(判斷)을 하며 또한 악(惡)을 행한 자들
의 결국을 알지 못하기 때문이라는 것입니다. 그리고 하나
님의 깊고 넓은 생각과 인간들의 짧고 좁은 생각이 전혀 다
르기 때문입니다. 성경(聖經)을 보면 하나님을 경외(敬畏)
하며 신앙생활(信仰生活)을 열심히 하고 있는 아삽도 이회
장(李會長)과 같은 의구심을 가지고 고민(苦悶)하고 있는
것을 볼 수 있습니다. 그런데 아삽은 이러한 하나님의 뜻을
깨달아 모두 알게 된 것입니다. 아삽의 신앙고백(信仰告白)
은 오늘날 천주교인들이나 기독교인들에게 많은 교훈(敎
訓)을 주고 있습니다.

[시편 73편 1절-9절] 하나님이 참으로 이스라엘 중 마음이
정결한 자에게 선을 행하시나 나는 거의 실족할뻔 하였고 내
걸음이 미끄러질뻔 하였으니 이는 내가 악인의 형통함을 보고
오만한 자를 질시하였음이로다. 저희는 죽는 때에도 고통이 없
고 그 힘이 건강하며 타인과 같은 고난이 없고 타인과 같은 재
앙도 없나니 그러므로 교만이 저희 목걸이요 강포가 저희의 입

는 옷이며 살찜으로 저희 눈이 솟아나며 저희 소득은 마음의 소원보다 지나며 저희는 능욕하며 악하게 압제하여 말하며 거만히 말하며 저희 입은 하늘에 두고 저희 혀는 땅에 두루 다니도다.

상기의 아삽은 진심으로 하나님께서 이스라엘 중 마음이 정결(淨潔)한 자에게 복(福)을 주시고 악(惡)한 자에게는 고통(苦痛)을 주신다고 믿고 있었는데 현실은 다르다는 것을 보고 거의 실족(失足)할 뻔 하였고 그 걸음이 미끄러질 뻔하였다고 말하고 있습니다. 왜냐하면 악인(惡人)이 하는 일이 모두 형통하고 죽는 때에도 고통이 없이 죽고 그 힘은 강하며 타인과 같이 고난(苦難)도 없고 재앙(災殃)도 받지 않기 때문이라는 것입니다. 따라서 악인(惡人)들의 교만(驕慢)은 저희 목걸이요 강포(强暴)가 저희의 입은 옷이며 배부름으로 저희 눈은 높아지며 저희 소득(所得)은 마음의 소원보다 더하다는 것입니다.

때문에 저희는 선한 자를 능욕(陵辱)하여 악하게 압제(壓制)하며 거만(倨慢)하게 말을 하며 저희 입은 하늘에 두고 저희 혀는 땅에 두루 다닌다고 말하고 있습니다. 아삽은 이렇게 악한 자들의 불합리한 삶을 바라보면서 하나님을 경외(敬畏)하는 믿음에서 거의 넘어질뻔 하였다고 말씀하고 있습니다.

[시편 73편 10절-17절] 그러므로 그 백성이 이리로 돌아와서 잔에 가득한 물을 다 마시며 말하기를 하나님이 어찌 알랴 지극히 높은 자에게 지식이 있으랴 하도다. 볼지어다. 이들은 악인이라 항상 평안하고 재물은 더 하도다 내가 내 마음을 정히 하며 내 손을 씻어 무죄하다 한 것이 실로 헛되도다. 나는 종일 재앙을 당하며 아침마다 징책을 보았도다. 내가 만일 스스로 이르기를 내가 이렇게 말하리라 하였더면 주의 아들들의 시대를 대하여 궤휼을 행하였으리이다. 내가 어쩌면 이를 알까 하여 생각한즉 내가 심히 곤란하더니 하나님의 성소에 들어갈 때에야 저희 결국을 내가 깨달았나이다.

이어지는 말씀은 악한 백성이 선한 자들에게 와서 잔에 가득한 물을 모두 마시며 말하기를 하나님이 우리의 행위를 어찌 알겠으며 지극히 높은 하나님에게 무슨 지식이 있어 우리가 행하는 일들을 알겠느냐고 하나님을 무시(無視)한다는 것입니다. 그런데 이들은 이렇게 악을 행하는 데도 항상 평안(平安)하고 재물(財物)은 더 많아진다는 것입니다. 아삽은 이러한 악한 자들을 바라보면서 그러면 내가 지금까지 신앙생활(信仰生活)을 하면서 마음을 깨끗이 하며 내 손을 씻어 무죄(無罪)하다 한 것이 실로 헛된 것이라고 불평(不平)을 하는 것입니다.

또한 아삽은 신앙생활(信仰生活)을 열심히 하는데도 항상 재앙(災殃)을 당하며 아침마다 징계(懲戒)와 책망(責望)을 당했다는 것입니다. 그런데 아삽이 이러한 현실을 바라보면서 내가 만일 하나님을 향해 원망불평(怨望不平)을 하였다면 주의 아들들에 대하여 궤휼(詭譎)을 행하였을 것이라 말하고 있습니다. 아삽은 이렇게 불합리한 현실을 바라보면서 내가 어찌하면 하나님의 뜻을 알까 하여 고민(苦悶)을 하며 마음이 심히 곤고(困苦)하였는데 하나님의 성소(聖所)에 들어갈 때에 비로소 저희의 결국을 깨달아 알게 되었다고 말하는 것입니다.

[시편 73편 18절-25절] 주께서 참으로 저희를 미끄러운 곳에 두시며 파멸에 던지시니 저희가 어찌 그리 졸지에 황폐되었는가 놀람으로 전멸하였나이다. 주여 사람이 깬 후에는 꿈을 무시함 같이 주께서 깨신 후에 저희 형상을 멸시하시리이다. 내 마음이 산란하며 내 심장이 찔렸나이다 내가 이같이 우매 무지

하니 주의 앞에 짐승이오나 내가 항상 주와 함께하니 주께서 내 오른 손을 붙드셨나이다. 주의 교훈으로 나를 인도하시고 후에는 영광으로 나를 영접하시리니 하늘에서는 주 외에 누가 내게 있으리요 땅에서는 주 밖에 나의 사모할 자 없나이다.

아삽은 악한 자들의 형통 때문에 고민(苦悶)을 하다가 하마터면 실족(失足)할뻔 하였는데 하나님의 성소(聖所)에 들어 갈 때에 깨닫고 보니 하나님께서 참으로 악한 자를 미끄러운 곳에 두시고 파멸(破滅)에 던지시니 저희가 졸지에 황폐(荒廢)되었고 모두 진멸(殄滅) 하시는 것을 보고 놀랐다는 것입니다. 하나님의 이러한 역사를 보고 아삽은 마음이 두려워졌고 심장이 찔렸다고 말씀하고 있습니다. 그러면서 내가 이같이 우매 무지(無智)하여 하나님 앞에 짐승 같은 존재이오나 내가 항상 주와 함께하였더니 하나님께서 내 오른 손을 붙드셨다고 말씀하고 있습니다.

이어서 아삽은 주의 교훈(敎訓)으로 나를 인도하시고 후에는 영광으로 나를 영접(迎接)하시리니 하늘에서는 내게 주 외에 아무도 없고 또한 땅에서도 주 밖에 나의 사모할 자가 없다고 말씀하고 있습니다.

[시편 73편 26절-28절] 내 육체와 마음은 쇠잔하나 하나님은 내 마음의 반석이시요 영원한 분깃이시라 대저 주를 멀리하는 자는 망하리니 음녀같이 주를 떠난 자를 주께서 다 멸하셨나이다. 하나님께 가까이 함이 내게 복이라 내가 주 여호와를 나의 피난처로 삼아 주의 모든 행사를 전파하리이다.

아삽은 내 육체와 마음은 쇠잔하나 하나님은 내 마음의 반석이시요 영원한 분깃이시라고 고백(告白)하면서 주를 멀리하는 자는 모두 망하리니 음부와 같이 주를 떠난 자는 주께서 모두 멸(滅)하셨다고 말씀하고 있습니다. 마지막으로 아삽은 하나님께 가까이 함이 내게 복이라는 것을 고백하며 내가 주 여호와를 나의 피난처(避難處)로 삼아서 앞으로 주의 모든 행사를 전파 하며 증거(證據) 하겠다는 말씀으로 시편 73편을 마치고 있습니다.

이상의 말씀과 같이 사람들이 바라보는 악인(惡人)의 형통(亨通)은 결국 하나님 앞에 범죄(犯罪)이며 형벌(刑罰)이며 멸망(滅亡)인 것입니다. 이러한 사실은 아삽이 하나님의 성소에 들어갈 때 알게 되었다고 말씀하고 있는데 하나님의 성소(聖所)에 들어간다는 것은 하나님의 생명으로 거듭난다는 것을 의미하고 있습니다.

그러므로 오늘날 천주교인들이나 기독교인들이 하나님
의 이러한 깊은 뜻을 알려면 하루속히 하나님의 성소(聖所)
에 들어가 하나님의 아들로 거듭나야 합니다.

어리석음

자신을
잃어 버리고
상대를 보는 것은
죽음을 망각한
어릿광대 같구나

잃어버린
자신을
죽음 앞에 승복하며
영원한 자신을
찾아 가자

16. 聖經에 富者가 天國에 가는 것을 약대(駱駝)가
   (성경)   (부자)   (천국)   (낙타)
바늘구멍에 들어가는 것에 비유했는데, 富者는
                                    (부자)
惡人이란 말인가 ?
(악인)

부자는
세상에 재물(財物)이나
돈이 많은 부자(富者)가 있고
영적인 부자(富者) 곧
신앙(信仰)이나
말씀의 부자(富者)가
있습니다.

성경(聖經)에 부자(富者)가 천국(天國)에 가는 것을 약대가 바늘구멍에 들어가는 것에 비유(譬喩)했는데 부자(富者)는 악인(惡人)이란 말인가?

이 질문은 오늘날 돈이나 재산(財産)이 많은 부자(富者)들은 모두 고민(苦悶)하며 알고 싶어 하는 문제라고 생각합니다. 왜냐하면 예수님께서 재물(財物)이 있는 자는 천국에 들어가는 것이 어떻게 어려운지 낙타가 바늘구멍에 들어가는 것이 부자가 하늘나라에 들어가는 것보다 쉽다고 말씀하고 있기 때문입니다.

그런데 오늘날 기독교인들은 예수님이 말씀하시는 부자(富者)가 어떤 부자를 말하는지도 모르면서 단순히 재산(財産)이 많은 부자들은 천국(天國)에 들어가기가 어렵다고 생각하고 있습니다. 그러므로 이 문제는 예수님이 말씀하시는 부자(富者)가 어떤 부자인지를 모르면 해결이 되지 않습니다. 부자는 세상에 재물(財物)이나 돈이 많은 부자(富者)가 있고 영적인 부자(富者) 곧 신앙(信仰)이나 말씀의 부자(富者)가 있습니다.

그런데 예수님께서 말씀하시는 부자(富者)는 재산이 많은 부자(富者)가 아니라 영적인 부자(富者), 즉 신앙(信仰)

의 부자(富者)를 말씀하고 있는 것입니다. 부자(富者)는 재물이나 돈이 많은 세상의 부자(富者)나 말씀을 지식적으로 많이 알고 있는 신앙(信仰)의 부자(富者)나 모두 교만(驕慢)하다는 것입니다.

그런데 하나님께서 교만(驕慢)은 패망(敗亡)의 선봉(先鋒)이요 넘어짐의 앞잡이라 말씀하고 있습니다. 때문에 하나님 앞에서 교만(驕慢)한 자는 모두 멸망(滅亡)하게 되어 있습니다. 동방의 의인이라는 욥도 사탄을 통해서 재앙(災殃)과 더불어 심한 고통(苦痛)을 당한 것은 신앙의 교만 (驕慢)때문이었습니다.

그러면 예수님이 말씀하고 계신 부자(富者)를 성경을 통해서 알아보기로 하겠습니다.

[누가복음 18장 18절- 30절] 어떤 관원이 물어 가로되 선한 선생님이여 내가 무엇을 하여야 영생을 얻으리이까 예수께서 이르시되 네가 어찌하여 나를 선하다 일컫느냐 하나님 한분 외에는 선한 이가 없느니라 네가 계명을 아나니 간음하지 말라, 살인하지 말라, 도적질하지 말라, 거짓증거하지 말라, 네 부모를 공경하라 하였느니라 여짜오되 이것은 내가 어려서부터 다 지키었나이다 예수께서 이 말을 들으시고 이르시되 네가 오히

려 한 가지 부족한 것이 있으니 네게 있는 것을 다 팔아 가난한 자들을 나눠 주라 그리하면 하늘에서 보화가 네게 있으리라 그리고 와서 나를 좇으라 하시니 그 사람이 큰 부자인고로 이 말씀을 듣고 심히 근심하더라 예수께서 저를 보시고 가라사대 재물이 있는 자는 하나님의 나라에 들어가기가 어떻게 어려운지 약대가 바늘귀로 들어가는 것이 부자가 하나님의 나라에 들어가는 것보다 쉬우니라 하신대 듣는 자들이 가로되 그런즉 누가 구원을 얻을 수 있나이까 가라사대 무릇 사람의 할 수 없는 것을 하나님은 하실 수 있느니라 베드로가 여짜오되 보옵소서 우리가 우리의 것을 다 버리고 주를 좇았나이다 이르시되 내가 진실로 너희에게 이르노니 하나님의 나라를 위하여 집이나 아내나 형제나 부모나 자녀를 버린 자는 금세에 있어 여러 배를 받고 내세에 영생을 받지 못할 자가 없느니라 하시니라

상기의 말씀은 어떤 관원이 예수님을 찾아와 내가 무엇을 하여야 영생을 얻을 수 있느냐고 묻는 것입니다. 예수님께서 관원이 묻는 영생에 대한 질문에 네가 하나님의 계명(誡命)을 알고 있으니 간음하지 말라, 살인하지 말라, 도적질하지 말라, 거짓증거를 하지 말라, 네 부모를 공경하라는 계명들을 모두 지키라고 말씀하고 있습니다.

예수님이 말씀하시는 계명은 곧 십계명(十誡命)을 말씀
하고 있습니다. 즉 십계명(十誡命)을 모두 지키면 영생을
얻게 될 수 있다는 것입니다. 왜냐하면 하나님께서 모세를
통해서 주신 십계명(十誡命) 속에는 출애굽을 하여 광야로
나온 하나님의 백성들이 하나님의 아들로 거듭나는 과정이
모두 들어있기 때문입니다.

　예수님의 말씀을 들은 관원은 이계명은 내가 어려서부
터 모두 지켰다고 말하고 있습니다. 이 관원이 어려서부터
계명(誡命)을 지켰다는 것은 모태신앙(母胎信仰)으로 지금
사역을 하고 있는 제사장(祭司長)이나 서기관(書記官)으로
사료됩니다. 예수님은 관원이 계명을 어려서부터 모두 지
켰다는 말을 들으시고 관원에게 이르시되 네가 한 가지 부
족한 것이 있는데 그것은 네게 있는 것을 다 팔아서 가난한
자들에게 모두 나누어 주고 나를 좇으라고 말씀하십니다.
그러면 하늘에서 보화(寶貨)가 네게 있을 것이라 말씀하고
있습니다. 하늘의 보화(寶貨)는 곧 영생을 말하는 것입니
다.

　예수님의 말씀을 들은 관원은 심히 고민(苦悶)을 하며
근심을 하고 있는데 그 이유는 그 관원이 재물(財物)을 많
이 소유하고 있는 큰 부자(富者)이기 때문입니다. 예수님께

서 관원에게 네게 있는 것을 모두 팔아서 가난한 자들에게
나누어주고 나를 좇으라는 말씀을 듣고 심히 근심하고 있
는 관원에게 재물(財物)이 있는 자는 하나님의 나라에 들어
가기가 어떻게 어려운지 약대가 바늘귀로 들어가는 것이
더 쉽다고 말씀을 하십니다.

예수님의 이 말씀 때문에 세상에서 재산(財産)을 많이
소유하고 있는 부자(富者)들은 지금도 걱정과 더불어 근심
을 하게 된 것입니다. 그러면 예수님이 말씀하시는 부자는
과연 어떤 부자를 말하는 것일까요.

본문에 예수님께서 부자라고 한 것은 관원을 보고 하신
말씀인데 이 관원은 세상의 재물(財物)을 많이 가지고 있는
부자가 아니라 하나님의 계명을 소유하고 있는 말씀의 부
자(富者)이며 신앙의 부자(富者)입니다. 때문에 예수님은
네가 소유하고 있는 계명과 말씀들을 모두 말씀이 갈급한
자 곧 말씀이 없어 굶주린 자들에게 모두 나누어주라고 말
씀하신 것입니다.

그런데 이 관원이 지금 소유하고 있는 계명과 말씀들은
어렸을 때부터 소유하고 지켜온 모태 신앙(母胎信仰)이요
보수신앙(保守信仰)이기 때문에 버릴 수가 없었던 것입니
다. 그보다 관원은 이 계명과 말씀을 버리고 예수님을 따라

가면 지금 하고 있는 사역(使役)이나 목회(牧會)를 할 수 없기 때문에 망설이고 있는 것입니다.

때문에 예수님은 관원을 보고 재물(계명)이 있는 자는 하늘나라에 들어가기가 약대가 바늘구멍으로 들어가기보다 어렵다고 말씀하신 것입니다. 즉 옛 계명을 버리지 않고는 새 계명으로 나갈 수 없고 옛 사람이 죽지 않으면 새 사람으로 거듭날 수 없다는 뜻입니다.

이와 같이 예수님께서 관원에게 말씀하신 부자(富者)는 세상의 재물(財物)을 많이 소유하고 있는 부자가 아니라 말씀을 지식적으로 많이 쌓아 소유하고 있는 신앙의 부자(富者)를 말하고 있습니다. 그런데 부자(富者)는 세상의 부자나 신앙의 부자(富者)는 한 결 같이 욕심(慾心)이 많다는 것입니다. 왜냐하면 이 세상에 욕심이 없는 부자는 없기 때문입니다. 하나님은 욕심(慾心)이 잉태(孕胎)하면 죄(罪)를 낳게 되고 죄가 장성하게 되면 사망(死亡)하게 된다고 말씀하고 있습니다.

때문에 부자(富者)들은 천국(天國)에 들어가기가 약대가 바늘귀로 들어가는 것보다 어렵다고 말씀하신 것입니다. 그러므로 부자(富者)가 천국(天國)에 들어가려면 자신 안에 자리 잡고 있는 욕심(慾心)을 모두 버려야 합니다. 부자(富者)가 자기 안에 있는 욕심(慾心)을 날마다 버리면 약대와 같은 큰 존재도 부서지고 부서져 고운 가루와 같이 작게 되어 바늘귀로 넉넉히 들어가게 되는 것입니다. 예수님의 이런 말씀을 주변에서 들은 자들이 말하되 그러면 누가 구원(救援)을 얻을 수 있느냐고 예수님께 항의(抗議)를 하는 것입니다. 예수님은 이렇게 항의하는 자들에게 무릇 사람이 할 수 없는 것을 하나님은 하실 수 있다고 말씀을 하고 있습니다.

왜냐하면 구원은 자신의 의지나 노력으로 되는 것이 아니라 하나님의 전적인 은혜(恩惠)로 이루어지기 때문입니다. 예수님께서 네게 있는 것을 모두 가난한 자들에게 나누어 주고 나를 좇으라는 말씀을 들은 베드로는 예수님을 향해 "예수님! 우리는 우리의 것을 다 버리고 주를 좇았습니다"고 말을 하고 있습니다.

예수님의 제자(弟子)들은 자기 집과 가족(家族)과 친척(親戚)과 재물(財物)을 모두 버리고 예수님을 따르고 있기 때문에 베드로가 예수님에게 이렇게 말씀을 드린 것입니다. 때문에 베드로는 예수님께 우리는 모두 영생을 얻어야 하지 않느냐고 묻는 것입니다.

그런데 베드로의 이 말씀을 들으신 예수님은 내가 진실

로 너희에게 이르노니 하나님의 나라를 위하여 집이나 아
내나 형제나 부모나 자녀를 버린 자는 금세에 있어 여러 배
를 받고 내세에 영생을 받지 못할 자가 없다고 말씀을 하시
는 것입니다.

　예수님이 베드로에게 이렇게 말씀하신 것은 너희가 집
과 아내와 형제나 부모나 자녀를 버린 것은 하나님을 위해
서 버린 것이 아니라 너희 자신을 위해서 버린 것이라는 것
입니다. 왜냐하면 하나님을 믿고 따르는 목적(目的)이 나의
뜻이나 내 욕심(慾心)을 채우기 위한 것이라면 내 신앙(信
仰)이며 오직 하나님을 위해서 하나님의 뜻을 이루기 위한
신앙(信仰)이 곧 하나님을 위한 신앙(神仰)이기 때문입니
다. 그러면 오늘날 천주교인들이나 기독교인들은 하나님을
위해 신앙생활(神仰生活)을 하고 있는지 아니면 자신을 위
해서 종교생활(宗敎生活)을 하고 있는지 확인 해보아야 합
니다. 왜냐하면 하나님을 위한 신앙(神仰)이 아니라 자신을
위한 신앙(信仰)이라면 천국에 들어갈 수 없는 것은 물론
영생을 얻을 수 없기 때문입니다.

　이와 같이 오늘날 천주교인들이나 기독교인들의 신앙
(信仰)이 오직 구원(救援)과 영생(永生)을 위한 것이라면 하
나님을 위한 신앙(神仰)이며 자신의 뜻이나 자기 욕심(慾

心)을 채우기 위해서 하는 기복적(祈福的)인 신앙이라면 영생이나 하나님의 뜻과는 전혀 관계없는 내 신앙(信仰)이라는 것을 알아야 합니다.

이렇게 자기 욕심을 채우기 위해서 신앙생활(信仰生活)을 하는 자들이 바로 예수님이 말씀하시는 부자들이며 이런 자들은 천국에 들어가기가 약대가 바늘귀로 들어가는 것보다 어렵다는 것입니다. 때문에 오늘날 천주교인이나 기독교인들은 신앙생활(信仰生活)을 욕심(慾心)을 채우기 위해서 하지 말고 날마다 욕심(慾心)을 버리기 위해서 해야 합니다. 그리고 천국(天國)에 들어가려면 지금까지 교리(敎理)로 쌓아놓은 의식화된 신앙의 고정관념(固定觀念)을 모두 버려야합니다. 그러면 약대와 같은 존재도 깨지고 부서져 가루가 되어 바늘구멍이라도 넉넉히 들어가게 되는 것입니다.

이와 같이 약대 같은 자신의 존재가 하나님의 말씀으로 날마다 깨지고 부서져 죽어 없어지면 하나님의 생명으로 부활(復活)되어 천국(天國)에 들어가게 되는 것입니다.

17. 伊太利같은 나라는 國民의 99%가 天主敎徒인데,
   (이태리)   (국민)   (천주교도)
   社會混亂과 犯罪가 왜 그리 많으며, 世界의
   (사회혼란) (범죄)   (세계)
   模範國이 되지 못하는가?
   (모범국)

그 이유는
하나님을 믿고 섬기는
신앙인(神仰人)이 아니라
천주교나 기독교를 믿는
종교인(宗敎人)이기 때문입니다.

이태리 같은 나라는 국민(國民)의 99%가 천주교(天主敎)도
인데 사회혼란(社會混亂)과 범죄(犯罪)가 왜 그리 많으며 세
계(世界)의 모범국(模範國)이 되지 못하는가?

천주교인이 99%인 이태리는 모두가 천주님을 모시고
신앙생활(信仰生活)을 하고 있는데 왜 세계의 모범국가(模
範國家)가 되지 못하고 사회의 혼란(混亂)과 범죄(犯罪)가
그리 많으냐는 것입니다. 이런 의문(疑問)은 누구나 가지고
있는 의문 중에 하나입니다. 왜냐하면 하나님을 모시고 선
을 추구하며 살아가는 천주교인들의 사회가 더 혼란스럽고
범죄(犯罪)가 많이 일어나고 있기 때문입니다. 이탈리아는
세계 최대의 베드로성당이 있고 천주교를 국교(國敎)로 정
하여 모두가 천주교인들입니다. 그런데 최대의 마피아 조
직으로 인해 각종 범죄가 들끓고 있어 정부에서도 통제하
기 힘든 곳이 바로 이탈리아입니다.
　　문제는 이러한 사회 혼란(混亂)과 범죄행위(犯罪行爲)
는 천주교를 믿는 이탈리아뿐만 아니라 기독교를 믿는 미
국이나 불교나 이슬람을 믿는 나라들도 대동소이(大同小
異)하게 일어나고 있다는 것입니다. 왜 그럴까요? 그 이유

는 하나님을 믿고 섬기는 신앙인(神仰人)이 아니라 천주교나 기독교를 믿는 종교인(宗敎人)이기 때문입니다.

신앙인(神仰人)은 하나님과 예수를 믿으며 오직 하나님의 말씀을 중심으로 신앙생활(神仰生活)을 하는 자들을 말하며 종교인(宗敎人)은 사람들이 세운 교회(敎會)와 사람들이 만든 교리(敎理)를 중심으로 하여 종교생활(宗敎生活)을 하는 자들을 말합니다.

신앙인은 하나님을 중심으로 신앙생활(神仰生活)을 하지만 종교인들은 자신을 중심으로 하여 종교생활(宗敎生活)을 하는 자들입니다. 때문에 종교인(宗敎人)들은 자기를 위한 일이나 또는 자기 욕심을 채울 수 있다면 신앙(信仰)과 관계없이 어떠한 일이나 범죄행위(犯罪行爲)도 마다하지 않는 것입니다. 왜냐하면 천주교인들은 어떤 죄를 범해도 신부님 앞에서 고해성사(告解聖事)를 하면 죄 사(赦)함을 받을 수 있기 때문입니다.

오늘날 사회가 이렇게 부패(腐敗)되어가는 것은 교회들이 하나님의 사명을 올바로 감당(堪當)하지 못하기 때문입니다. 즉 하나님의 교회는 언제나 하나님 앞에서 진리(眞理)와 진실(眞實)을 추구(追求)해야 하는데 진리와 진실보다 이권(利權)과 실리(實利)를 추구(追求)하기 때문입니다.

그러므로 오늘날 천주교인들은 자신의 이권과 실리보다 하나님의 진리와 진실로 돌아가야 합니다. 그런데 교인들이 하나님의 진리보다 재물(財物)을 더 취하려 하고 있습니다.

예수님은 하나님과 재물(財物)을 겸하여 섬기는 것을 간음이라 말씀하고 있습니다. 성경을 보면 간음을 일삼는 소돔과 고모라성에 의인 열 명이 없어 유황불로 멸망(滅亡) 당한 것을 볼 수 있습니다.

[창세기 18장 20절-32절] 여호와께서 또 가라사대 소돔과 고모라에 대한 부르짖음이 크고 그 죄악이 심히 중하니 내가 이제 내려가서 그 모든 행한 것이 과연 내게 들린 부르짖음과 같은지 그렇지 않은지 내가 보고 알려하노라 그 사람들이 거기서 떠나 소돔으로 향하여 가고 아브라함은 여호와 앞에 그대로 섰더니 가까이 나아가 가로되 주께서 의인을 악인과 함께 멸하시려나이까 그 성중에 의인 오십이 있을찌라도 주께서 그 곳을 멸하시고 그 오십 의인을 위하여 용서치 아니하시리이까 주께서 이같이 하사 의인을 악인과 함께 죽이심은 불가하오며 의인과 악인을 균등히 하심도 불가하니이다 세상을 심판하시는 이가 공의를 행하실 것이 아니니이까 여호와께서 가라사대 내가 만일 소돔 성중에서 의인 오십을 찾으면 그들을 위하여 온

지경을 용서하리라 아브라함이 말씀하여 가로되 티끌과 같은 나라도 감히 주께 고하나이다 오십 의인 중에 오인이 부족할 것이면 그 오인 부족함을 인하여 온 성을 멸하시리이까 가라사대 내가 거기서 사십 오인을 찾으면 멸하지 아니하리라 아브라함이 또 고하여 가로되 거기서 사십인을 찾으시면 어찌 하시려나이까 가라사대 사십인을 인하여 멸하지 아니하리라 아브라함이 가로되 내 주여 노하지 마옵시고 말씀하게 하옵소서 거기서 삼십인을 찾으시면 어찌 하시려나이까 가라사대 내가 거기서 삼십인을 찾으면 멸하지 아니하리라 아브라함이 또 가로되 내가 감히 내 주께 고하나이다 거기서 이십인을 찾으시면 어찌 하시려나이까 가라사대 내가 이십인을 인하여 멸하지 아니하리라 아브라함이 또 가로되 주는 노하지 마옵소서 내가 이번만 더 말씀하리이다 거기서 십인을 찾으시면 어찌 하시려나이까 가라사대 내가 십인을 인하여도 멸하지 아니하리라

상기의 말씀은 아브라함과 여호와 하나님이 소돔과 고모라의 백성에 대하여 말씀을 나누고 있는 장면입니다. 여호와 하나님은 소돔과 고모라에 죄악이 심히 중하여 그 안에 살고 있는 백성들을 멸(滅)하기 위해서 오신 것입니다.

그런데 아브라함은 하나님께 소돔과 고모라에 악인(惡

人)도 있지만 의인(義人)도 있는데 의인을 악인과 함께 멸하시는 것은 불가하다고 말씀드리는 것입니다. 왜냐하면 하나님은 공의(公義)의 하나님이신데 악인 때문에 의인이 함께 죽으면 안 되기 때문입니다. 그러므로 여호와 하나님은 소돔과 고모라에 의인 50명이 있으면 멸하지 않고 모두 용서해 주시겠다고 말씀하십니다. 그러나 아브라함은 여호와께 의인 50명에서 5명이 모자라면 용서하시지 않으시겠느냐고 물으시면서 종내는 의인 10명만 있어도 용서해 달라고 하는 것입니다.

하나님은 아브라함의 간청에 소돔과 고모라에 의인 10명만 있어도 용서해 주시겠다고 말씀하십니다. 그런데 소돔과 고모라의 그 많은 백성들 가운데 의인 10명이 없어서 모두 멸망(滅亡)하게 된 것입니다.

[창세기 19장 23절-25절] 롯이 소알에 들어갈 때에 해가 돋았더라 여호와께서 하늘 곧 여호와에게로서 유황과 불을 비 같이 소돔과 고모라에 내리사 그 성들과 온 들과 성에 거하는 모든 백성과 땅에 난 것을 다 엎어 멸하셨더라

여호와 하나님은 소돔과 고모라에 의인 10명이 없어서

롯과 롯의 처와 두 딸을 구원해 내시고 유황불을 비 같이 내려 그 성과 그 성안에 살고 있는 백성들을 모두 멸(滅)하신 것입니다. 문제는 예수님이 오신 당시나 오늘날 하나님의 백성들이 소돔과 고모라성의 백성보다 더 부패(腐敗)하고 더 죄악(罪惡)이 많다는 것입니다.

[마태복음 11장 20절-24절] 예수께서 권능을 가장 많이 베푸신 고을들이 회개치 아니하므로 그 때에 책망하시되 화가 있을찐저 고라신아 화가 있을찐저 벳새다야 너희에게서 행한 모든 권능을 두로와 시돈에서 행하였더면 저희가 벌써 베옷을 입고 재에 앉아 회개하였으리라 내가 너희에게 이르노니 심판 날에 두로와 시돈이 너희보다 견디기 쉬우리라 가버나움아 네가 하늘에까지 높아지겠느냐 음부에까지 낮아지리라 네게서 행한 모든 권능을 소돔에서 행하였더면 그 성이 오늘날까지 있었으리라 내가 너희에게 이르노니 심판 날에 소돔 땅이 너보다 견디기 쉬우리라

예수님께서 권능(權能)을 많이 베푼 고을들이 회개(悔改)하지 않음으로 너희에게 화가 있을 것이라 책망(責望)을 하십니다. 하나님의 백성들이 바라고 원하는 예수님은 권

능(權能)의 예수님이며 또한 예수님께서 행하시는 놀라운 표적(表迹)과 이적(異跡)입니다. 즉 유대인들이나 오늘날 하나님의 백성들이 바라고 기다리는 메시야는 엘리야나 모세보다 더 권능(權能)이 많고 능력(能力)을 많이 행하는 예수님입니다. 그런데 예수님은 외적(外的)인 표적(表迹)과 이적(異跡)은 행하지 않고 오직 말씀의 권능으로 죄인(罪人)들의 죄(罪)를 사(赦)해주시고 죽은 영혼들을 구원하시는 일만 행하시기 때문에 예수를 메시야로 믿지도 않고 회개(悔改)도 하지 않는 것입니다. 이렇게 예수님께서 권능을 많이 베푸신 고을들이 회개(悔改)를 하지 않기 때문에 진노(震怒)를 하시는 것입니다.

　　예수님은 말씀이 육신이 되신 하나님의 아들로서 오직 죄로 말미암아 죽어가는 영혼(靈魂)들을 구원(救援)하고 살려서 하나님의 아들로 창조(創造)하시는 분입니다. 이보다 더 큰 권능이나 능력이 없고 또한 이보다 더 큰 표적(表迹)과 이적(異跡)은 없습니다.

　　외적인 표적은 사람이나 귀신들도 나타낼 수 있지만 죽은 영혼(靈魂)을 살리는 표적(表迹)은 오직 예수님 밖에 나타낼 수가 없습니다.

　　[마태복음 12장 38절-39절] 그 때에 서기관과 바리새인 중

몇 사람이 말하되 선생님이여 우리에게 표적 보여주시기를 원하나이다. 예수께서 대답하여 가라사대 악하고 음란한 세대가 표적을 구하나 선지자 요나의 표적 밖에는 보일 표적이 없느니라

유대의 서기관과 바리새인들이 예수님께 표적(表迹)을 보여주기를 원하고 있습니다. 그런데 예수님은 음란(淫亂)하고 악한 세대가 표적(表迹)을 구하나 나는 요나의 표적(表迹) 밖에는 보여줄 것이 없다고 말씀하고 있습니다.

오늘날 기독교인들이 교회에 헌금을 내면 하나님께서 삼십배 육십배 백배로 갚아 주실 것이라 믿는 것이 바로 서기관과 바리새인들이 바라고 원하는 표적(表迹)입니다. 그러나 예수님께서 이 세상에 오셔서 행한 표적(表迹)은 오직 죽은 영혼(靈魂)을 살리는 요나의 표적(表迹) 밖에는 행한 표적(表迹)이 없습니다. 즉 예수님께서 가나 혼인잔치에서 물로 포도주를 만드신 표적이나 물고기 두 마리와 떡 다섯 덩어리로 사천명, 오천명을 먹인 오병이어의 표적(表迹)이나 그리고 수많은 병자를 고치시고 죽은 나사로를 살리신 모든 표적(表迹)들은 모두 죽은 영혼(靈魂)을 살리기 위한 요나의 표적(表迹)인 것입니다.

그런데 오늘날 기독교인들도 바리새인들과 같이 예수님이 행하신 표적(表迹)들을 모두 육신적인 표적(表迹)으로 믿으며 자신들에게 이루어주실 것을 바라는 기복신앙(祈福信仰)입니다. 때문에 예수님에게 세상적이고 육신적인 표적(表迹)을 행하기를 바라는 서기관과 바리새인들을 음란하고 악한세대라고 질책을 하시는 것입니다.

하나님의 백성들이 예수님을 믿는 목적은 오직 죽은 영혼(靈魂)이 살아서 하나님의 아들로 거듭나는 것이라야 합니다. 그런데 오늘날 기독교인들은 예수를 믿기만 하면 하나님의 아들이 되었다는 삯군목자들의 말을 믿고 구원이나 죄 사함을 받으려 하지 않고 복만 받으려 한다는 것입니다. 때문에 오늘날 기독교인들은 예수님의 구원의 대상에서 모두 제외 된 것입니다. 예수님이나 사도바울이 구원의 대상을 유대인들에게서 사마리아인이나 이방인으로 바꾼 것도 바로 이 때문입니다.

그러므로 오늘날 천주교인이나 기독교인들은 하나님의 뜻을 올바로 알고 예수님을 올바로 믿어야 합니다. 그렇지 않으면 소돔과 고모라성을 유황불로 멸하신 것과 같이 오늘날 하나님의 백성들도 모두 멸(滅)하실 것입니다.

18. 信仰人은 때때로 狂人처럼 되는데, 共産党員이
    〈신앙인〉   〈광인〉   〈공산당원〉
    共産主義에 미치는 것과 어떻게 다른가?
    〈공산주의〉

광인(狂人)이 되는 것은

보이지 않은 어떤 존재에 의해서

되어지는 것인데

만신들은

죽은 혼령(魂靈)이 들어오는 것이라 말하며

기독교인들은 성령(聖靈)이 임했다고 말합니다.

신앙인(信仰人)은 때때로 광인(狂人)처럼 되는데 공산당원
(共産黨員)이 공산주의(共産主義)에 미치는 것과 어떻게
다른가?

　　신앙인(信仰人)이 때때로 광인(狂人)처럼 되는 것이나
공산당원(共産黨員)이 공산주의(共産主義)에 미치는 것은
대상만 다를 뿐 모두 동일(同一)한 일입니다. 신앙인이 광
인(狂人)처럼 되는 것은 예수를 미친 사람처럼 열심히 믿는
광신도(狂信徒)들을 말하고 있습니다. 이러한 광신도(狂信
徒)들은 천주교나 기독교에만 있는 것이 아니라 타 종교인
들 중에도 흔히 있는 일들입니다. 신앙인(信仰人)이 광인
(狂人)처럼 된다는 것은 미친 사람이나 정신병자(精神病者)
처럼 혹은 이성을 완전히 잃거나 혼이 나간 사람처럼 된다
는 것입니다.

　　이런 사람들을 귀신이 들렸다 혹은 헛개비가 씌었다고
도 말합니다. 이렇게 광인(狂人)이 되는 것은 보이지 않은
어떤 존재에 의해서 되어지는 것인데 만신들은 죽은 혼령
(魂靈)이 들어오는 것이라 말하며 기독교인들은 성령(聖靈)
이 임했다고 말합니다. 광인(狂人)이나 광신도(狂信徒)는

어떤 곳에 몰입을 하거나 심취할 때 일어나는 현상으로 어떤 존재나 사물에 사로잡혀 자아의식(自我意識)을 잃은 상태를 말합니다. 예를 들면 음악에 도취되거나 그림에 도취(陶醉)되거나 혹은 마약이나 술에 취하여 이성(理性)을 잃은 상태를 말합니다. 이렇게 기독교인들은 예수님을 향해 찬양이나 기도에 몰입을 할 때 예수님의 생각이나 말씀에 도취되어 자아의식(自我意識)을 잃어버리면 광신도(狂信徒)처럼 변하게 되는 것입니다.

정신과 의사들은 정신이상자(精神異常者)나 미친 사람들을 싸이코라고 말하는데 놀라운 것은 오늘날 정상적인 사람보다 비정상적(非正常的)인 사람이 더 많다는 것입니다. 왜냐하면 오늘날 정신불안(精神不安)으로 밤에 잠을 자지 못하여 고통 당하는 사람이 점점 늘어나 아예 밤과 낮을 바꾸어 생활하는 사람들도 많기 때문입니다.

이러한 현상은 무질서한 생활에서 오는 정신적 불안 때문에 나타나는 현상입니다. 즉 사람들이 정상적인 생활궤도에서 벗어나면 마음과 생각이 불안하게 되어 무엇에 쫓기는 사람처럼 항상 불안하여 좌불안석(坐不安席)이 되는 것입니다. 그런데 가장 무서운 광인(狂人)은 거짓선지자와 삯군목자들이 교인들에게 비 진리를 진리처럼 의식화(意識

化)시키는 것입니다.

　이렇게 교인들이 거짓목자나 삯군목자에게 잘못 의식화(意識化)되면 그때부터 비 진리가 진리가 되고 진리가 비 진리가 되며 또한 거짓목자가 참 목자가 되고 참 목자는 거짓목자가 되는 것입니다. 문제는 비 진리에 한번 의식화(意識化)되면 미친 사람이 정상적인 사람을 죽이듯이 멸망의 넓은 길을 가는 자들이 생명의 좁은 길을 가는 자들을 이단(異端)으로 몰아 핍박(逼迫)하고 죽인다는 것입니다. 하나님을 믿고 섬기는 유대인들이 하나님의 아들인 예수님을 배척(排斥)하고 사도(使徒)들까지 이단(異端)으로 배척(排斥)하고 죽인 것은 거짓선지자와 삯군목자들에 의해서 비 진리로 의식화(意識化) 되었기 때문입니다.

　이렇게 유대인들 안에는 비 진리가 꽉 차있기 때문에 예수님을 구원자(救援者)로 믿지도 않지만 예수님이 말씀하시는 진리(眞理)가 들어갈 틈조차 없는 것입니다. 때문에 유대인들은 예수님을 사마리아인(이단자) 혹은 귀신들린 자라 말하고 있는 것입니다.

　[요한복음 8장 31절-41절] 그러므로 예수께서 자기를 믿은 유대인들에게 이르시되 너희가 내 말에 거하면 참 내 제자가

253

되고 진리를 알찌니 진리가 너희를 자유케 하리라 저희가 대답
하되 우리가 아브라함의 자손이라 남의 종이 된 적이 없거늘
어찌하여 우리가 자유케 되리라 하느냐 예수께서 대답하시되
진실로 진실로 너희에게 이르노니 죄를 범하는 자마다 죄의 종
이라 종은 영원히 집에 거하지 못하되 아들은 영원히 거하나니
그러므로 아들이 너희를 자유케 하면 너희가 참으로 자유하리
라 나도 너희가 아브라함의 자손인줄 아노라 그러나 내 말이
너희 속에 있을 곳이 없으므로 나를 죽이려 하는도다 나는 내
아버지에게서 본 것을 말하고 너희는 너희 아비에게서 들은 것
을 행하느니라. 대답하여 가로되 우리 아버지는 아브라함이라
하니 예수께서 가라사대 너희가 아브라함의 자손이면 아브라함
의 행사를 할것이어늘 지금 하나님께 들은 진리를 너희에게 말
한 사람인 나를 죽이려 하는도다 아브라함은 이렇게 하지 아니
하였느니라. 너희는 너희 아비의 행사를 하는도다. 대답하되 우
리가 음란한데서 나지 아니하였고 아버지는 한분 뿐이시니 곧
하나님이시로다

　　예수님은 자기를 믿은 유대인들에게 너희가 내 말에 거
하면 참 내 제자(弟子)가 되어 진리(眞理)를 알게 되고 진리
를 알면 진리(眞理)가 너희를 자유롭게 해 준다고 말씀하고

있습니다. 그런데 예수님의 말씀을 들은 유대인들은 우리
는 아브라함의 자손으로 남의 종이 된 적이 없고 이미 자유
하고 있다고 말하는 것입니다. 그런데 예수님은 너희는 지
금 죄(罪)를 범하고 있기 때문에 자유자(自由者)가 아니라
죄(罪)의 종이며 또한 죄의 종은 영원히 아버지의 집에 거
하지 못한다고 말씀하고 있습니다. 그러나 하나님의 아들
이 너희의 죄(罪)를 사(赦)해주면 너희가 자유하게 될 수 있
다는 것입니다. 그런데 문제는 너희 속에 내 말이 들어 갈
틈이 없어 오히려 나를 죽이려 한다는 것입니다. 유대인들
안에 예수님의 말씀이 들어갈 수 없는 것은 비 진리(非 眞
理)로 가득 차있기 때문입니다.

　그러므로 너희 안에 들어 있는 비 진리(사람들이 만든
각종교리와 교회의 법)가 진리인 나를 죽이려 한다는 것입
니다. 이렇게 아브라함의 자손이라는 유대인들이 예수님을
죽이려고 하는 것은 이들의 아비가 아브라함이 아니라 마
귀이기 때문입니다. 그런데 유대인들은 자신들의 아비가
마귀라는 것을 전혀 모르고 아브라함이라 믿고 있는 것입
니다. 유대인들 자신이 아브리함의 자손이라고 주장(主張)
을 하는 것은 곧 하나님의 자손이라는 것을 강조(强調)하고
있는 것입니다.

[요한복음 8장 42절-46절] 예수께서 가라사대 하나님이 너희 아버지였으면 너희가 나를 사랑하였으리니 이는 내가 하나님께로 나서 왔음이라 나는 스스로 온 것이 아니요 아버지께서 나를 보내신 것이니라 어찌하여 내 말을 깨닫지 못하느냐 이는 내 말을 들을줄 알지 못함이로다. 너희는 너희 아비 마귀에게서 났으니 너희 아비의 욕심을 너희도 행하고자 하느니라 저는 처음부터 살인한 자요 진리가 그 속에 없음으로 진리에 서지 못하고 거짓을 말할 때마다 제 것으로 말하나니 이는 저가 거짓말장이요 거짓의 아비가 되었음이니라 내가 진리를 말함으로 너희가 나를 믿지 아니하는도다 너희 중에 누가 나를 죄로 책잡겠느냐 내가 진리를 말하매 어찌하여 나를 믿지 아니하느냐

예수님은 자기 아버지가 아브라함이라고 말하는 유대인들에게 만일 하나님이 너희 아버지였으면 너희가 나를 사랑하였을 것이다. 왜냐하면 내가 하나님으로부터 아들로 낳음을 받아서 너희에게 왔기 때문이라는 것입니다. 나는 내 스스로 온 것이 아니라 내 아버지께서 나를 보내서 왔는데 어찌하여 내 말을 알아듣지 못하느냐는 것입니다. 예수님께서 유대인들에게 너희가 내 말을 듣지 못하는 것은 너희가 하나님으로 부터 낳음을 받은 것이 아니라 너희 아비

마귀로부터 나서 너희 아비의 욕심을 행하려 하기 때문이라는 것입니다. 너희 아비는 처음부터 살인한 자요 진리(眞理)가 그 속에 없음으로 진리에 서지 못하고 거짓을 말할 때마다 제 것으로 말하나니 이는 너희 아비가 거짓말장이요 거짓의 아비가 되었기 때문이라는 것입니다.

이렇게 예수님은 유대인들에게 너희가 내 말을 듣지 못하고 나를 죽이려 하는 것은 너희 아비 마귀로부터 낳음을 받았기 때문이라고 말씀하고 있습니다. 그리고 예수님은 유대인들에게 내가 진리(眞理)를 말함으로 너희가 믿지 않는다는 것입니다. 이와 같이 유대인들은 거짓의 아비, 즉 거짓선지자와 삯군목자로부터 비 진리로 의식화(意識化)되어있기 때문에 예수님을 알아보지 못하고 오히려 죽이려 하는 것입니다.

[요한복음 8장 47절-51절] 하나님께 속한 자는 하나님의 말씀을 듣나니 너희가 듣지 아니함은 하나님께 속하지 아니하였음이로다. 유대인들이 대답하여 가로되 우리가 너를 사마리아 사람이라 또는 귀신이 들렸다 하는 말이 옳지 아니하냐 예수께서 대답하시되 나는 귀신 들린 것이 아니라 오직 내 아버지를 공경함이어늘 너희가 나를 무시하는도다 나는 내 영광을 구치

아니하나 구하고 판단하시는 이가 계시니라 진실로 진실로 너희에게 이르노니 사람이 내 말을 지키면 죽음을 영원히 보지 아니하리라

　　이어서 예수님은 하나님께 속한 자는 하나님의 말씀을 듣는데 너희가 듣지 않는 것은 하나님께 속하지 아니하였기 때문이라는 것입니다. 이런 말씀을 들은 유대인들은 분개(憤慨)하여 우리가 너를 사마리아 사람이라 또는 귀신이 들렸다 하는 말이 옳지 않느냐는 것입니다. 유대인들의 말에 예수님은 나는 귀신 들린 것이 아니라 오직 내 아버지를 공경(恭敬)하는 것인데 너희는 내가 하는 말을 무시(無視)하고 있다는 것입니다. 예수님은 유대인들에게 진실로 너희에게 말하노니 사람이 내 말을 듣고 지키면 영원히 죽음을 보지 않게 된다고 말씀하고 있습니다.

　　즉 예수님을 구원자(救援者)로 믿고 예수님의 말씀을 듣고 말씀을 마음속에 간직하면 하나님의 생명으로 거듭나서 하나님의 아들이 된다는 것입니다. 그런데 안타깝게도 유대인들은 물론 오늘날 천주교인이나 기독교인들도 하나님께서 구원자(救援者)로 보내주신 하나님의 아들은 믿지를 않고 배척(排斥)하면서 거짓목자와 삯군목자를 구원자

(救援者)로 믿으며 그들이 주는 가감(加減)된 비 진리(非 眞理)를 받아먹고 있는 것입니다. 이들은 생명의 좁은 길에서 벗어나 멸망(滅亡)의 넓은 길을 따라가고 있는 자들입니다. 이런 자들이 바로 예수님과 사도들 그리고 생명의 좁은 길을 가는 자들과 상극(相剋)이며 원수(怨讐)인 것입니다.

　그러므로 오늘날 천주교인들은 물론 기독교인들도 거짓목자와 삯군목자로부터 하루속히 벗어나 하나님께서 구원자(救援者)로 보내주시는 참 목자를 찾아가야 합니다. 예수님께서 말씀하시는 진정한 사랑의 공동체(共同體)는 예수님과 하나 된 자들을 말합니다.

19. 天主敎와 共産主義는 相剋이라고 하는데,
(천주교)   (공산주의)   (상극)
天主敎徒가 많은 나라들이 왜 共産國이 되었나?
(천주교도)   (공산국)
例: 플랜드등 東歐諸國, 니카라구아등.
(동구제국)

신앙은 개인의 자유이기 때문에

하나님을 믿고 섬기는 것은

공산주의(共産主義)나 민주주의(民主主義)나

동일하며 신앙(信仰)으로 인해

상극(相剋)이 될 수 없습니다.

천주교(天主敎)와 공산주의(共産主義)는 상극(相剋)이라고 하
는데 천주교도(天主敎徒)가 많은 나라들이 왜 공산국(共産國)
이 되었나?
(예 ; 폴란드 등 동구제국(東歐諸國) 니카라구아 등)

　　천주교(天主敎)는 하늘의 주인이신 하나님을 믿고 섬기
는 사랑의 공동체(共同體)이며 공산주의(共産主義)는 생산
된 물건을 공동으로 분배하여 모두 동일하게 공유하는 재
산의 공동체(共同體)를 말합니다. 공산주의 창시자는 마르
크스로 계급사회와 자본주의 사상을 타파하고 모두가 동일
한 자격으로 사회적 공유를 주장하고 있습니다. 때문에 재
산을 공유하는 공산주의(共産主義)는 사랑을 공유하는 천
주교회(天主敎會)와 유사한 점이 있습니다. 그런데 천주교
회(天主敎會)가 공산주의(共産主義)와 상극(相剋)이라고 말
하는 것은 잘 이해가 되지 않습니다.
　　천주교와 공산주의(共産主義)가 다른 점은 천주교는 하
나님을 믿고 섬기며 영혼을 구원하고 돌보는 사랑의 공동
체(共同體)이며 공산주의는 영혼구원과는 관계없이 공산주
의(共産主義)를 신봉하면서 공동으로 생산하고 동일하게

분배하여 공유하는 재산의 공동체(共同體)라는 점입니다.

　그러나 신앙은 개인의 자유이기 때문에 하나님을 믿고 섬기는 것은 공산주의(共産主義)나 민주주의(民主主義)나 동일하며 신앙(信仰)으로 인해 상극(相剋)이 될 수 없습니다. 왜냐하면 하나님은 전지전능하신 만유의 주로서 모든 사람의 주인(主人)이시며 따라서 인간들은 어느 누구나 하나님을 믿고 섬길 수 있기 때문입니다. 그런데 만일 신앙의 노선(路線)이 다르다든가 추구하는 신(神)이나 진리(眞理)가 다르다면 상극(相剋)이 될 수 있습니다. 이렇게 천주교회(天主敎會)와 공산주의(共産主義)가 상극(相剋)이 되는 것은 추구하는 신(神)이나 신앙(信仰)이 다를 때 나타나는 현상이며 그 외의 경우는 정치적(政治的) 이념(理念) 때문이라 생각합니다.

　성경을 보면 신앙적인 상극(相剋), 즉 원수(怨讐)와 같이 서로 대적(對敵)하는 두 세력이 있는데 하나는 하나님의 백성인 유대인들이요 또 하나는 유대인들이 염병처럼 여기는 예수님과 사도(使徒)들입니다.

[사도행전 24장 1절-9절] 닷새 후에 대제사장 아나니아가 어떤 장로들과 한 변사 더둘로와 함께 내려와서 총독 앞에서

바울을 고소하니라 바울을 부르매 더둘로가 송사하여 가로되 벨릭스 각하여 우리가 당신을 힘입어 태평을 누리고 또 이 민족이 당신의 선견을 인하여 여러 가지로 개량된 것을 우리가 어느 모양으로나 어느 곳에서나 감사 무지하옵나이다. 당신을 더 괴롭게 아니하려 하여 우리가 대강 여짜옵나니 관용하여 들으시기를 원하나이다. 우리가 보니 이 사람은 염병이라 천하에 퍼진 유대인을 다 소요케 하는 자요 나사렛 이단의 괴수라 저가 또 성전을 더럽게 하려 하므로 우리가 잡았사오니 당신이 친히 그를 심문하시면 우리의 송사하는 이 모든 일을 아실 수 있나이다 하니 유대인들도 이에 참가하여 이 말이 옳다 주장하니라

상기의 말씀은 유대교의 대제사장(大祭司長) 아나니아가 어떤 장로들과 변사 더둘로와 함께 총독 앞으로 내려와서 사도바울을 고소(告訴)하는 것입니다. 변사 더둘로는 사도바울을 가리키며 우리가 이 사람을 보니 천하에 퍼진 유대인들을 염병처럼 다 요동케 하는 자요 나사렛 이단의 괴수(魁首)라고 말하고 있습니다.

나사렛 이단은 곧 나사렛 예수님을 가리키는 말이며 괴수(魁首)라는 것은 이단(異端)의 우두머리라는 뜻입니다.

이렇게 예수님이나 사도들은 유대인들의 가장 큰 원수(怨讐)이며 상종조차 못할 이단(異端)들입니다. 이들이 바로 살인강도 바라바는 놓아주고 죄 없으신 하나님의 아들, 예수님은 십자가에 못 박아 죽이라고 외치던 자들입니다.

이렇게 하나님의 백성들인 유대인들과 구원자(救援者)로 오신 예수님이나 사도(使徒)들은 서로 상극(相剋)이며 상종 못할 원수(怨讐)들입니다. 그러면 하나님의 백성인 유대인들이 무엇 때문에 죄가 없으신 예수님과 사도들을 대적(對敵)하며 이단(異端)으로 몰아 죽이는 것일까요? 그 이유는 빛과 어둠은 항상 대적관계에 있듯이 예수님이나 사도들은 진실이며 유대인들의 제사장이나 서기관들은 거짓이기 때문입니다. 그보다 예수님이나 사도들은 유대인들의 거짓된 신앙을 신랄하게 지적(指摘)하며 질책하기 때문입니다.

[마태복음 23장 13절-15절] 화 있을찐저 외식하는 서기관들과 바리새인들이여 너희는 천국 문을 사람들 앞에서 닫고 너희도 들어가지 않고 들어가려 하는 자도 들어가지 못하게 하는도다 화 있을찐저 외식하는 서기관들과 바리새인들이여 너희는 교인 하나를 얻기 위하여 바다와 육지를 두루 다니다가 생기면

예수님께서 화가 있을 것이라는 외식(外飾)하는 서기관과 바리새인들은 오늘날 영적 지도자들, 곧 거짓목자와 삯군목자들을 말하고 있습니다. 예수님은 이들에게 너희는 천국(天國)으로 들어가는 문을 사람 앞에서 닫아놓고 너희도 들어가지 않고 들어가려고 하는 자도 들어가지 못하게 가로막고 있다는 것입니다. 이것은 오늘날 거짓목자와 삯군목자들이 천국(天國)으로 들어가려는 교인들에게 너희는 예수를 믿음으로 구원(救援)을 받아 이미 하나님의 아들이 되었기 때문에 모두 천국(天國)으로 들어간다고 속이는 행위를 말합니다.

또한 예수님은 서기관과 바리새인들에게 너희가 교인(敎人)들을 만들기 위해 육지와 바다, 즉 애굽과 광야를 찾아다니며 전도(傳道)를 하여 교인이 생기면 너희보다 배나 더 지옥자식(地獄子息)이 되게 한다고 책망을 하시는 것입니다. 이런 말씀을 외치는 예수님 때문에 유대교의 서기관들과 바리새인은 물론 오늘날 천주교나 기독교회의 목회자들도 곤경에 빠지게 되는 것입니다. 때문에 유대인이나 오늘날 기독교인들에게 예수님은 상극이 되는 것이며 따라서

예수님을 이단으로 몰아 핍박하며 십자가에 못 박아 죽이
게 되는 것입니다.

[마태복음 23장 25절-28절] 화 있을찐저 외식하는 서기관
들과 바리새인들이여 잔과 대접의 겉은 깨끗이 하되 그 안에는
탐욕과 방탕으로 가득하게 하는도다 소경된 바리새인아 너는
먼저 안을 깨끗이 하라 그리하면 겉도 깨끗하리라 화 있을찐저
외식하는 서기관들과 바리새인들이여 회칠한 무덤 같으니 겉으
로는 아름답게 보이나 그 안에는 죽은 사람의 뼈와 모든 더러
운 것이 가득하도다. 이와 같이 너희도 겉으로는 사람에게 옳게
보이되 안으로는 외식과 불법이 가득하도다.

　　예수님은 외식(外飾)하는 서기관과 바리새인에게 소경
된 인도자(引導者)라 말씀하면서 너희가 외모(外貌)는 깨끗
하게 보이지만 속에는 탐심(貪心)과 욕심(慾心)이 가득하다
는 것입니다. 그러므로 너희는 먼저 안을 깨끗이 하라는 것
입니다. 그리하면 그때 너희의 겉도 깨끗하게 된다는 것입
니다.
　　이어서 예수님은 외식(外飾)하는 서기관들과 바리새인
들에게 너희는 회칠한 무덤 같다고 말씀하시면서 너희의

겉은 아름답게 보이나 그 안에는 죽은 사람의 뼈와 모든 더러운 것이 가득하다고 말씀하십니다. 예수님께서 말씀하시는 죽은 사람의 뼈와 더러운 것은 사람이 만든 각종교리(各種敎理)와 교회(敎會)의 법(法)을 말씀하고 있습니다. 사람들이 하나님의 말씀을 가감(加減)하여 만든 각종교리(各種敎理)와 교회의 법들은 영혼들을 죽이는 독과 같은 것입니다.

　예를 들면 예수를 믿음으로 이미 구원(救援)을 받아 하나님의 아들이 되었다는 이신칭의(二信稱義) 교리(敎理) 때문에 천국으로 가야 할 영혼(靈魂)들이 모두 지옥(地獄)으로 가기 때문입니다. 문제는 유대교나 기독교는 진실을 올바로 말하는 자는 모두 이단(異端)으로 취급하며 거짓과 외식(外飾)하는 자들은 정통보수(正統保守)로 인정을 한다는 것입니다. 때문에 예수님이나 사도들과 같이 오늘날 기독교회에서 살아 남으려면 거짓을 말해야 하며 진실(眞實)을 말하면 이단(異端)으로 몰려 죽게 되는 것입니다.

　이와 같이 세상적인 상극(相剋)이나 원수(怨讐)는 서로 이해(理解)하고 용서(容恕)하며 오해(誤解)를 풀면 해결이 될 수 있지만 하나님의 말씀과 예수님을 대적(對敵)하고 있는 각종교리(各種敎理)와 법 그리고 신앙적인 원수(怨讐)는 영원히 해결되지 않는 것입니다. 그럼에도 불구하고 기독교인들은 하나님은 사랑이라 말하며 천주교(天主敎)는 모든 죄인(罪人)들의 허물을 용서하고 감싸는 사랑의 공동체(共同體)라 말하고 있는 것입니다. 그런데 무엇 때문에 천주교(天主敎)는 공산주의(共産主義)를 상극(相剋)처럼 미워하는지 이해할 수가 없습니다.

천주교가 진정한 사랑의 공동체(共同體)라면 공산주의자(共産主義者)들도 형제처럼 사랑하며 긍휼을 베풀어 그 영혼(靈魂)들을 구원(救援)해야 한다고 생각합니다.

그러므로 오늘날 천주교나 기독교인들은 하루속히 각종교리(各種敎理)에서 벗어나 하나님의 말씀으로 돌아가야 합니다. 그러면 대적(對敵)하는 원수(怨讐)나 이단(異端)도 없어지고 하나님의 사랑으로 모두 하나가 될 것입니다.

인간의 틀

사람들은 세상을 살아가면서
자신의 틀을 만들어
그 속에 갇혀 살다가
틀 속을 벗어나지 못한 채
틀 속에 빠져 죽어 간다

자신이 만들어 놓은 고정관념이
죽음의 틀이라는 것을 모르고
자기 함정을 스스로 파는구나

그 틀에서 벗어나면
영원한 세계와 더불어
참 자유가 있건만
자기 틀 속에 갇혀서
나오려 하지 않는구나

20. 우리나라는 두집 건너 敎會가 있고, 信者도 많은데
    (교회)   (신자)
   社會犯罪와 試鍊이 왜 그리 많은가?
   (사회범죄)   (시련)

오늘날 수많은 교회들과

그에 따른 목회자들이

영혼(靈魂)을 구원하고 살리는 데는 별 관심이 없고

하루속히 교회가 부흥(復興)되기를 바라고

교인들이 내는 헌금의 액수에만 관심을 가지고

귀를 기울이고 있기 때문입니다.

우리나라는 두 집 건너 교회(敎會)가 있고 신자(信者)도 많은
데 사회범죄(社會犯罪)와 시련(試鍊)이 왜 그리 많은가?

　　이 지구상에 우리나라처럼 교회가 많고 상가처럼 밀집
되어 있는 나라는 없다고 생각합니다. 왜냐하면 교회가 두
집 건너 있는 것이 아니라 심지어 한 건물 안에 교회가 둘
이 들어 있는 곳도 있으며 또한 밤에 남산에 올라가 시내를
내려다보면 교회의 붉은 십자가 불빛들이 마치 불꽃놀이를
하는 것처럼 온통 뒤 덮혀 있기 때문입니다. 우리나라에 교
회가 많다는 것은 목회자(牧會者)들이 많다는 것이며 목회
자가 많다는 것은 교인(敎人)들의 수가 많다는 것입니다.
이것은 하나님께서 아브라함에게 너희 자손이 하늘의 별
수와 같이 그리고 바다의 모래수와 같이 많게 해주시겠다
는 약속(約束)이 이루어진 것이라 생각 할 수 있습니다.
　　그런데 이렇게 교회들이 많고 목자들도 많은데 무엇 때
문에 세상은 점점 더 부패(腐敗)해가고 사람들의 범죄(犯
罪)는 더 많아지느냐는 것입니다. 예수님께서 너희는 세상
의 빛과 소금이라고 말씀하시는 하나님의 백성들은 하늘의
별 수와 같이 그리고 바다의 모래수와 같이 많은데 무엇 때

275

문에 세상(世上)이 정화(淨化)되지 않고 오히려 더 부패해 가느냐는 것입니다.

　그 이유는 예전이나 오늘날이나 목회하는 자들이 욕심(慾心)과 탐심(貪心)으로 인해 하나님의 뜻을 망각(忘却)하고 교인들에게 욕심을 불어 넣어주며 하나님의 이름을 빙자(憑藉)하여 교회 안에서 비둘기(성령)와 양(진리)을 팔아 돈을 치부하기 때문입니다.

　예수께서 성전으로 들어가 소와 양과 비둘기파는 사람들을 보시고 노끈으로 채찍을 만들어 장사하는 자들을 모두 내어 쫓으신 것은 바로 이 때문입니다.

　[요한복음 2장 13절-17절] 유대인의 유월절이 가까운지라 예수께서 예루살렘으로 올라가셨더니 성전 안에서 소와 양과 비둘기 파는 사람들과 돈 바꾸는 사람들의 앉은 것을 보시고 노끈으로 채찍을 만드사 양이나 소를 다 성전에서 내어 쫓으시고 돈 바꾸는 사람들의 돈을 쏟으시며 상을 엎으시고 비둘기 파는 사람들에게 이르시되 이것을 여기서 가져가라 내 아버지의 집으로 장사하는 집을 만들지 말라 하시니 제자들이 성경 말씀에 주의 전을 사모하는 열심이 나를 삼키리라 한 것을 기억하더라

예루살렘 성전 안에서 소와 양과 비둘기를 팔고 돈을 바꾸는 사람은 곧 제사장(祭司長)들을 말하고 있으며 소는 성부하나님을, 양은 예수님을, 비둘기는 성령(聖靈)을 비유(譬喩)하여 말씀하고 있습니다. 예수님은 하나님의 거룩한 성전 안에서 삼위일체(三位一體) 하나님 곧 성부하나님과 성자 예수님과 성령하나님을 팔아먹는 자들을 보시고 화가 나셔서 노끈으로 채찍을 만들어 다 내어 쫓으시며 내 아버지의 집으로 장사하는 집을 만들지 말라고 질책을 하신 것입니다.

　이것은 오늘날 교회에서도 목사님들이 설교를 하면서 교인들에게 "성령(비둘기) 받을 줄로 믿고 감사하세요" "은혜(양) 받을 줄로 믿고 감사하세요"하며 헌금을 강조하는 행위를 말하고 있습니다. 그뿐만 아니라 교인들이 헌금을 내면 목사님들은 헌금을 드린 손길 위에 하나님께서 30배 60배 100배로 갚아 달라고 축복기도를 하여 교인들의 욕심(慾心)을 더 부추기고 있는 것입니다. 때문에 기독교인들은 타 종교인이나 불신자(不信者)보다 욕심(慾心)과 탐심(貪心)이 더 많은 것입니다.

　이렇게 예전이나 오늘날이나 삯군목자들은 하나님의 성전에서 하나님을 빙자(憑藉)하여 성령(聖靈)을 팔고 말씀을 팔아 장사를 하고 있는 것입니다. 예수님께서 피로 사신 신실한 교회들이 오늘날 이렇게 부패(腐敗)하고 패역(悖逆)하게 된 것입니다. 때문에 하나님께서 오늘날 교회들을 바라보시면서 전에 신실하던 교회들이 어찌하여 이렇게 패역(悖逆)하게 되었느냐고 한탄(恨歎)하시는 것입니다.

[이사야 1장 21절-23절] 신실하던 성읍이 어찌하여 창기가 되었는고 공평이 거기 충만하였고 의리가 그 가운데 거하였었더니 이제는 살인자들 뿐이었도다. 네 은은 찌끼가 되었고 너의 포도주에는 물이 섞였도다. 네 방백들은 패역하여 도적과 짝하며 다 뇌물을 사랑하며 사례물을 구하며 고아를 위하며 신원치 아니하며 과부의 송사를 수리치 아니하는도다.

하나님께서 신실하던 성읍이 어찌 창기 같이 되었느냐고 한탄하시는 성읍은 오늘날 교회들을 말씀하고 있습니다. 예전에는 하나님의 공의가 교회 안에 충만하였고 하나님의 의가 그 가운데 거하고 있었는데 지금은 영혼(靈魂)을 죽이는 살인자(殺人者)들 뿐이라고 한탄하시는 것입니다. 왜냐하면 오늘날 수많은 교회들과 그에 따른 목회자들이 영혼(靈魂)을 구원하고 살리는 데는 별 관심이 없고 하루속히 교회가 부흥(復興)되기를 바라고 교인들이 내는 헌금의 액수에만 관심을 가지고 귀를 기울이고 있기 때문입니다. 그리고 하나님께서 살인자들 뿐이라는 말씀은 사람의 육신(肉身)을 죽이는 살인자(殺人者)가 아니라 영혼을 병들게 만들어 죽이는 살인자(殺人者)라는 뜻입니다. 이러한 교회들은 많으면 많을수록 이 세상은 점점 부패(腐敗)해 가고 영혼들은 병들어 죄(罪)를 범하게 만드는 것입니다.

예수님이 말씀하셨듯이 오늘날 목회자들은 천국 문을 닫아 놓고 자기도 들어가지 않고 들어가려는 자들도 못 들어가게 하면서 교인들을 자기보다 배나 더 지옥자식(地獄子息)을 만들고 있는 것입니다. 왜냐하면 오늘날 목회자들은 구원받고 살아야할 영혼들을 "우리는 예수를 믿음으로 이미 구원을 받아 아들이 되었다"고 속이며 영생으로 가는 길을 가로막고서 모두 기복(祈福)과 욕심(慾心)으로 채워주면서 멸망의 넓은 길로 인도하고 있기 때문입니다.

이어지는 말씀에 네 은은 찌끼가 되었고 너의 포도주에는 물이 섞였다는 뜻은 하나님을 향한 네 믿음은 쓸모없는 쓰레기처럼 변했고 네가 가지고 있는 말씀에는 누룩, 즉 가감(加減)된 비 진리(非 眞理)가 혼합(混合)되어 있다는 것입니다, 그리고 네 방백들은 패역(悖逆)하여 도적(盜賊)과 짝

하여 다 뇌물(賂物)을 사랑하며 사례물(謝禮物)을 구한다는 뜻은 너를 인도하는 목자가 탐심(貪心)으로 패역(悖逆)하게 되어 영혼(靈魂)과 재물(財物)을 도적(盜賊)질하는 삯군목자들과 합류하여 교인들에게 헌금을 강요(强要)한다는 의미입니다.

또한 고아를 위하여 신원치 아니한다는 뜻은 영적인 고아, 즉 비 진리(非 眞理)를 벗어나 하나님의 말씀을 찾아 방황(彷徨)하는 자들을 외면(外面)하고 구원(救援)하지 않는다는 것이며 과부의 송사(訟事)를 수리치 아니한다는 뜻은 오늘날 삯군목자들이 과부, 즉 거짓남편(거짓예수)을 떠나 참 남편(참 예수)을 찾고 있는 영적과부들의 직언(直言)을 이단(異端)으로 취급하며 받아들이지 않고 있다는 것입니다. 때문에 오늘날 참 목자와 올바른 진리를 찾아 방황하고 있는 영적인 나그네와 고아와 과부들을 모두 이단자(異端者)로 배척(排斥)을 하는 것이며 삯군목자를 따라 비 진리, 즉 각종교리(各種敎理)와 전통신앙(傳統信仰)을 지키는 교인들은 정통보수신앙(正統保守信仰)으로 대우를 받고 있는 것입니다.

예수님과 사도들이 유대인들에게 이단(異端)으로 배척(排斥)을 당하고 핍박(逼迫)을 받은 것은 바로 이 때문입니다. 이렇게 오늘날도 진리를 사수하는 참 목자나 진리를 찾아가는 나그네 고아 과부들은 보수신앙인(保守信仰人)들에게 이단(異端)으로 배척(排斥)을 당하며 핍박(逼迫)을 받고 있는 것입니다. 때문에 예수님께서 내가 핍박을 받았은즉 너희도 핍박을 받을 것이라 말씀하고 있으며 이렇게 나를 인하여 핍박(逼迫)을 받는 자는 천국(天國)이 저희 것이라 말씀하신 것입니다.

[마태복음 5장 10절-12장] 의를 위하여 핍박을 받은 자는 복이 있나니 천국이 저희 것임이라 나를 인하여 너희를 욕하고 핍박하고 거짓으로 너희를 거스려 모든 악한 말을 할 때에는 너희에게 복이 있나니 기뻐하고 즐거워하라 하늘에서 너희 상이 큼이라 너희 전에 있던 선지자들을 이같이 핍박하였느니라

의를 위해 핍박 받은 자가 복이 있다는 것은 곧 예수님의 말씀을 위해 핍박(逼迫) 받은 자를 말하는데 천국은 바로 이런 자들의 것이라는 말씀입니다. 이어서 나를 인하여 너희를 욕하고 핍박(逼迫)하고 거짓말로 너희를 대적(對敵)하여 악한 말을 할 때에 너희에게 복이 있나니 괴로워하지 말고 기뻐하고 즐거워하라는 것입니다.

왜냐하면 하나님께서 너희에게 주는 상이 크기 때문이라는 것입니다. 또한 너희 전에 있던 믿음의 조상들과 선지자들도 너희와 같이 이렇게 핍박(逼迫)을 받았다는 것입니다. 하나님께서는 지금도 태산 같이 많이 쌓여 있는 쭉정이들보다 한 알의 알곡을 찾고 계십니다.

　그러므로 오늘날 기독교인들은 하루속히 삯군목자와 비 진리에서 벗어나 참목자를 찾아가야 합니다. 그러면 하나님께서 기뻐하시며 진리의 길을 갈 수 있도록 도와주실 것입니다.

욕심

욕심에 가려진
진실은

거짓된 욕망에
사로 잡혀서
제 구실을 하지 못한 채
파리한 모습으로
갈 길을 잃었네

욕심의
탈을 벗고
멀리 숨겨진
진실을 잡으려 하니

어느새
내 곁에 와 있네

21. 로마 教皇의 決定엔 잘못이 없다는데, 그도 사람인데
       (교황)   (결정)
어떻게 그런 独善이 可能한가?
            (독선)   (가능)

로마교황은

모든 교회를 주관(主管)하고 다스리는

교인들의 황제(皇帝)이기 때문에

설령 잘못이 있다 해도 잘못을 지적할 기관(機關)이나

그 이상의 존재(存在)가 없다는 것입니다.

로마교황의 결정에는 잘못이 없다는데 그도 사람인데 어떻게
그런 독선이 가능한가?

　로마교황이 결정하는 것은 모두 옳고 잘못이나 거짓이
없다고 하는데 그것이 사실일까요? 그러면 로마교황은 사
람이 아니라 신이며 곧 하나님이란 말입니다. 그런데 로마
교황은 우리와 동일한 인간인데 추기경들의 선출(先出)에
의해서 교황의 자리에 오르게 되는 것입니다. 때문에 교황
은 사람이지 신이 아니라는 것입니다. 문제는 로마교황은
모든 교회를 주관(主管)하고 다스리는 교인들의 황제(皇帝)
이기 때문에 설령 잘못이 있다 해도 잘못을 지적할 기관(機
關)이나 그 이상의 존재(存在)가 없다는 것입니다. 때문에
천주교인들은 교황(敎皇)의 말이 곧 법이며 진리(眞理)이며
그리고 모두가 진실(眞實)이며 거짓이 없다고 믿고 있는 것
입니다. 때문에 하나님의 말씀이 아무리 옳다고 주장(主張)
을 해도 교황(敎皇)이 틀리다면 틀린 것이며 항변(抗卞)할
수가 없는 것입니다.
　이 말은 교황(敎皇)의 권위(權威)는 하나님보다 높고 말
씀의 권위 역시 하나님의 말씀보다 높다는 것입니다. 이렇

게 오늘날 교황(敎皇)은 세상교회의 왕이 되어 하나님보다 더 높은 권위(權威)를 가지고 교인들을 다스리고 있으며 천주교인들은 교황을 하나님처럼 섬기고 있는 것입니다. 그러면 하나님의 백성들이 무엇 때문에 만왕의 왕이신 여호와 하나님을 버리고 세상 왕(교황)을 세우게 되었으며 언제부터 세상 왕을 섬기기 시작했나요?

[사무엘 상 8장 4절-8절] 이스라엘 모든 장로가 모여 라마에 있는 사무엘에게 나아가서 그에게 이르되 보소서 당신은 늙고 당신의 아들들은 당신의 행위를 따르지 아니하니 열방과 같이 우리에게 왕을 세워 우리를 다스리게 하소서 한지라 우리에게 왕을 주어 우리를 다스리게 하라 한 그것을 사무엘이 기뻐하지 아니하여 여호와께 기도하매 여호와께서 사무엘에게 이르시되 백성이 네게 한 말을 다 들으라 그들이 너를 버림이 아니요 나를 버려 자기들의 왕이 되지 못하게 함이니라 내가 그들을 애굽에서 인도하여 낸 날부터 오늘날까지 그들이 모든 행사로 나를 버리고 다른 신들을 섬김 같이 네게도 그리하는도다.

상기의 말씀은 지금까지 여호와 하나님을 만왕의 왕으로 모시고 신앙생활(信仰生活)을 하고 있는 하나님 백성들의 장로들이 모여 라마에 있는 사무엘을 찾아가서 그에게 이르되 보소서 당신은 늙었고 당신의 아들들은 당신의 행위를 따르지 아니하니 열방과 같이 우리에게 왕을 세워 우리를 다스리게 해달라고 간청을 하는 것입니다.

장로들의 말을 들은 사무엘은 그들의 요구가 너무 황당하여 여호와께 기도하니 여호와께서 사무엘에게 이르시되 그들이 너를 버림이 아니요 나를 버려 자기들의 왕이 되지 못하게 하려는 것이라 말씀하고 있습니다.

또한 하나님은 애굽에서 종살이 하던 그들을 내가 구원해 냈는데 그들의 모든 행사를 보면 그때부터 오늘날까지 그들은 나를 버리고 다른 신들을 섬겨 왔다는 것입니다.

[사무엘상 10장 17절-19절] 사무엘이 백성을 미스바로 불러 여호와 앞에 모으고 이스라엘 자손에게 이르되 이스라엘 하나님 여호와께서 이같이 말씀하시기를 내가 이스라엘을 애굽에서 인도하여 내고 너희를 애굽인의 손과 너희를 압제하는 모든 나라의 손에서 건져 내었느니라 하셨거늘 너희가 너희를 모든 재난과 고통 중에서 친히 구원하여 내신 너희 하나님을 오늘날 버리고 이르기를 우리 위에 왕을 세우라 하도다.

사무엘은 여호와 하나님을 버리고 자신들의 왕을 세워
달라고한 이스라엘의 장로들을 미스바로 불러 여호와 앞에
모아놓고 말씀을 하고 있습니다. 사무엘이 이스라엘 백성
들에게 말하되 이스라엘 하나님 여호와께서 말씀하시기를
내가 너희를 애굽에서 인도하여 내었고 또한 너희를 애굽
인의 손과 너희를 압제하는 모든 나라의 손에서 건져 내었
으며 또한 너희의 모든 재난과 고통 중에서 친히 구원하여
내신 너희 하나님을 지금 버리고 너희가 우리위에 왕을 세
우라 하고 있다는 것입니다.

　오늘날 천주교인들은 여호와 하나님께서 배은망덕한
이스라엘 백성들과 장로들을 보시고 얼마나 황당하고 마음
이 아프셨는지를 생각해보아야 합니다.

　[사무엘상 8장 18절-22절] 그날에 너희가 너희 택한 왕을
인하여 부르짖되 그 날에 여호와께서 너희에게 응답지 아니하
시리라 백성이 사무엘의 말 듣기를 거절하여 가로되 아니로소
이다 우리도 우리 왕이 있어야 하리니 우리도 열방과 같이 되
어 우리 왕이 우리를 다스리며 우리 앞에 나가서 우리의 싸움
을 싸워야 할 것이니이다 사무엘이 백성의 모든 말을 듣고 여
호와께 고하매 여호와께서 사무엘에게 이르시되 그들의 말을

들어 왕을 세우라 하시니 사무엘이 이스라엘 사람들에게 이르되 너희는 각기 성읍으로 돌아가라 하니라.

상기의 말씀과 같이 이스라엘 장로들이 자기들을 다스릴 우리의 왕을 세워달라는 요구를 여호와께서 허락하지 않으시니까 이스라엘 백성들과 장로들이 우리도 열방과 같이 우리의 왕이 있어야 우리를 다스리고 열방들과 싸울 수 있다고 외치고 있습니다. 때문에 여호와 하나님께서 할 수 없이 사무엘에게 그들의 요구대로 왕을 세우라고 말씀하여 사울이 이스라엘의 초대 왕이 된 것입니다. 이와 같이 사무엘 때부터 만왕의 왕이신 여호와 하나님을 버리고 세상의 왕을 세우기 시작하여 오늘날의 교황(敎皇)이 탄생(誕生)하게 된 것입니다.

이때부터 시작된 세상 왕의 세력은 점점 커지고 따라서 왕의 권세(權勢)가 더 높아져 하나님의 자리에 교황(敎皇)이 앉게 된 것입니다. 이렇게 하나님의 백성들이 창조주이신 하나님을 버리고 세상의 왕을 세워 하나님처럼 섬기고 있는 것입니다. 문제는 하나님의 백성들이 창조주 하나님보다 피조물(被造物)인 세상 왕(교황)을 더 경배(敬拜)하고 섬기고 있다는 것입니다.

[로마서 1장 18절-25절] 하나님의 진노가 불의로 진리를 막
는 사람들의 모든 경건치 않음과 불의에 대하여 하늘로 좇아
나타나나니 이는 하나님을 알만한 것이 저희 속에 보임이라 하
나님께서 이를 저희에게 보이셨느니라. 창세로부터 그의 보이
지 아니하는 것들 곧 그의 영원하신 능력과 신성이 그 만드신
만물에 분명히 보여 알게 되나니 그러므로 저희가 핑계치 못할
찌니라 하나님을 알되 하나님으로 영화롭게도 아니하며 감사치
도 아니하고 오히려 그 생각이 허망하여지며 미련한 마음이 어
두워졌나니 스스로 지혜 있다 하나 우준하게 되어 썩어지지 아
니하는 하나님의 영광을 썩어질 사람과 금수와 버러지 형상의
우상으로 바꾸었느니라. 그러므로 하나님께서 저희를 마음의
정욕대로 더러움에 내어 버려두사 저희 몸을 서로 욕되게 하셨
으니 이는 저희가 하나님의 진리를 거짓 것으로 바꾸어 피조물
을 조물주보다 더 경배하고 섬김이라 주는 곧 영원히 찬송할
이시로다 아멘.

상기의 말씀은 하나님의 진노(震怒)가 불의(不義)로 진
리를 막는 사람들의 모든 경건치 않음과 불의(不義)에 대하
여 하나님으로부터 나타난다고 말씀하십니다. 왜냐하면 저
희는 하나님을 알면서도 불의(不義) 곧 비 진리를 가지고

진리를 막고 있기 때문이라는 것입니다. 하나님이 만드신 만물(萬物)은 곧 하나님께서 말씀으로 창조(創造)하신 하나님의 아들들을 말씀하고 있습니다. 이렇게 하나님의 거룩한 진리를 사람이 만든 비 진리(非 眞理) 곧 각종교리(各種敎理)와 교회법(敎會法)으로 막고 있는 것입니다. 때문에 하나님은 매우 진노(震怒)하시는 것입니다.

　이들은 하나님을 알되 하나님으로 영화롭게도 아니하며 감사치도 아니하며 하나님의 영광을 썩어질 사람과 금수(禽獸)와 버려지 형상(形象)의 우상(偶像)으로 바꾸었다는 것입니다. 이들이 썩어지지 않는 하나님의 영광을 썩어질 사람과 금수(禽獸)와 버려지 형상(形象)으로 바꾸었다는 것은 하나님의 형상(形象)을 입어야 할 하나님의 백성들을 가이사(세상의 왕)의 형상(形象)으로 바꾸었다는 뜻입니다. 그러므로 하나님께서 저희를 마음의 정욕대로 더러움에 내어 버려두어 저희 몸을 욕되게 한 것인데 그 이유는 저희가 하나님의 진리를 거짓으로 바꾸어 피조물(被造物)을 조물주(造物主) 보다 더 경배(敬拜)하고 섬기기 때문이라는 것입니다.

　저희가 하나님의 진리를 거짓으로 바꾸어 피조물(被造物)을 조물주(造物主) 보다 더 경배(敬拜)하고 섬긴다는 것은 교인들이 세상 왕, 즉 교황(敎皇)이나 세상 목자를 하나님이나 예수님보다 더 경배(敬拜)하고 섬기고 있다는 뜻입니다.

이와 같이 오늘날 로마교황은 하나님의 대리자가 아니라 하나님으로 군림을 하고 있기 때문에 천주교인들은 교황(敎皇)이 하는 말씀은 거짓이나 오류가 없고 모두 진실한 말씀으로 믿고 받아들이고 있는 것입니다.

그러나 오직 여호와 하나님만이 진실하시며 영원히 영광과 찬송을 받으실 분이라 말씀하고 있는 것입니다.

가시와 엉겅퀴

찌르는 가시는
피를 원한다

칭칭 감는 엉겅퀴는
목숨을 원한다

가시와 엉겅퀴는
생명을 배앗고

결국
부끄러움을 모르며
멸망의 길로
달려간다

22. 神父(신부)는 어떤 사람인가? 왜 独身(독신)인가?
修女(수녀)는 어떤 사람인가? 왜 独身(독신)인가?

신부(神父)는
신의 아버지라는 뜻으로
성부하나님을 가리키는 말인데
천주교에서는 사제(司祭)를
신부라 부르고 있습니다.

신부는 어떤 사람인가? 왜 독신인가?
수녀는 어떤 사람인가? 왜 독신인가?

　신부(神父)는 신의 아버지라는 뜻으로 성부하나님을 가
리키는 말인데 천주교에서는 사제(司祭)를 신부라 부르고
있습니다. 하나님은 십계명을 통해서 내 이름을 망령되이
함부로 부르지 말라고 명하고 계시는데 사제를 신의 아버
지라고 칭한 것은 모순(矛盾)된 것이라 생각합니다. 그런데
천주교회의 신부는 예수님과 같이 고해성사(告解聖事)를
하는 교인들의 죄를 사(赦)해주는 권한을 가지고 있기 때문
에 천주교인들이 신부를 신의 아버지라 부르는 것이 당연
하다고 생각하고 있습니다. 그러나 성경을 보면 하나님께
서 죄인들의 죄를 사할 수 있도록 하나님의 권한을 부여하
신 분은 오직 하나님의 아들이신 예수님 밖에 없는 것입니
다.
　그러므로 사제(司祭)는 유대교의 제사장과 같이 하나님
께 제사의식(祭祀儀式)을 행하는 제사장(祭司長)이라고 하
는 것이 합당(合當)하다고 생각합니다. 그러나 하나님께서
인정하시는 제사장은 하나님이 기름 부어 세운 선지자나
예수님을 통해서 성령으로 기름 부어 세우는 하늘의 제사

장(祭司長)을 말하고 있습니다. 그리고 수녀(修女)는 불교의 출가 수행자와 같이 독신의 몸으로 세상의 번뇌(煩惱)와 망상(妄想)을 버리고 마음과 생각을 깨끗이 닦기 위해서 수도생활(修道生活)을 하는 여자를 말하고 있습니다. 수녀는 수도생활(修道生活)을 하면서 사제를 보필(補筆)하며 교회의 일과 교인들을 돌보는 일을 감당(堪當)하고 있습니다. 문제는 신부(神父)나 수녀(修女)를 결혼하지 못하도록 만든 것은 누구이며 무엇 때문에 신부(神父)나 수녀(修女)는 독신으로 지내야 하는가 하는 것입니다. 그 이유는 예수님이 결혼을 하지 않으시고 독신으로 지내셨고 사도바울도 결혼을 하지 않고 독신으로 사역을 하셨기 때문이라 할 수 있습니다.

그런데 예수님께서 막달라 마리아를 취해서 아내를 삼아 자녀까지 낳았다는 사실이 댄 브라운의 소설을 통해서 만천하에 공개 되어 세상을 놀라게 하였는데 이제는 초기 기독교(基督敎) 연구 분야에서 세계 최고(最高)의 권위(權威)를 지닌 캐런 L 킹(58세) 하버드대학 신학부 교수가 이탈리아 로마에서 개최된 국제 콥트학회에서 4세기 콥트어로 작성된 파피루스 문서를 공개 하면서 예수님에게 부인이 있었다는 것이 사실로 드러난 것입니다.

이렇게 예수님에게 부인이 있었다는 것이 확실한 증거물(證據物)에 의해 공개(公開)되었기 때문에 천주교회에서도 부정할 수가 없게 되었습니다. 예수님에게 부인이 있었다는 것은 이번뿐만 아니라 마리아복음서 등 여러 외경(外經)을 통해서 이미 알려진 사실입니다. 그런데 천주교회나 기독교에서는 지금까지 이러한 사실을 받아들이지 않고 조작된 것이라 일축(一蹴)해버리고 있었습니다. 왜냐하면 거룩한 예수님이 여인을 취하여 아내를 삼고 아이까지 낳았다면 지금까지 지켜온 예수님의 거룩한 신성이 모두 무너져버리기 때문입니다. 뿐만 아니라 예수님이 결혼을 하여 아이까지 낳았다면 오늘날 신부님이나 수녀님들이 신앙의 정절(貞節)을 지키기 위해 지켜온 독신생활(獨身生活)이 무의미해지기 때문입니다.

　그러므로 천주교는 이러한 사실이 진실이라 해도 지금까지 지켜온 천주교의 전통신앙과 기본교리를 지키기 위해 부정(否定)을 할 수밖에 없는 입장입니다. 그러면 하나님께서는 성경(聖經)을 통해서 남자와 여자의 결혼을 어떻게 말씀하고 있느냐는 것입니다. 하나님은 인간만 남자와 여자로 만드신 것이 아니라 짐승들이나 물고기들도 암컷과 수컷을 만드셨는데 하나님께서 인간들이나 짐승들을 암컷과 수컷으로 만드신 것은 둘이 한 몸이 되어 자식을 나아 후손(後孫)을 번식(繁殖)하라고 만드신 것입니다. 만일 하나님께서 남자와 여자를 만드시지 않았다거나 남자와 여자가 있다 해도 둘이 결혼을 하여 자식을 낳지 않았다면 인간이나 짐승들은 이미 멸종되고 말았을 것입니다. 때문에 인간들은 반드시 남자와 여자가 만나서 결혼을 하여 자식을 낳는 것이 하나님의 뜻입니다. 때문에 천주교의 신부(神父)나 수녀(修女)와 같이 남자와 여자가 결혼을 하지 않고 독신으로 사는 것은 하나님의 뜻에 역행(逆行)하는 것이라 생각합니다. 왜냐하면 하나님께서 성경을 통해서 남자는 부모를 떠나 그 아내와 한 몸이 되라고 말씀하고 있기 때문입니다.

[창세기 2장 21절-25절] 여호와 하나님이 아담을 깊이 잠들게 하시니 잠들매 그가 그 갈빗대 하나를 취하고 살로 대신 채우시고 여호와 하나님이 아담에게서 취하신 그 갈빗대로 여자를 만드시고 그를 아담에게로 이끌어 오시니 아담이 가로되 이는 내 뼈 중의 뼈요 살 중의 살이라 이것을 남자에게서 취하였은즉 여자라 칭하리라 하니라 이러므로 남자가 부모를 떠나 그 아내와 연합하여 둘이 한 몸을 이룰찌로다 아담과 그 아내 두 사람이 벌거벗었으나 부끄러워 아니하니라.

상기의 말씀을 보면 하나님께서 남자는 부모를 떠나 그 아내와 연합(聯合)하여 둘이 한 몸을 이루라고 명하고 계십니다. 때문에 남자는 부모를 떠나 여자를 아내로 받아들여 둘이 한 몸을 이루어 자녀를 낳는 것이 하나님의 뜻입니다. 예수님은 이 말씀에 따라 막달라 마리아를 아내로 삼아 자녀를 낳은 것은 당연한 것이며 하나님의 뜻을 이룬 것이라 생각합니다. 그런데 또한 성경에 기록된 모든 말씀은 영적인 의미를 나타내기 위해 보이는 것을 비유로 들어 말씀을 하고 있는 것입니다. 그러므로 하나님께서 말씀하신 남자와 여자 그리고 남녀가 만나서 둘이 한 몸을 이루라고 말씀하신 진정한 의미는 영적(靈的)인 의미(意味)로 말씀하고 있다는 것입니다. 즉 예수님은 신랑이요 하나님의 백성들은 신부로 둘이 연합(聯合)하여 한 몸을 이루어 하나님의 아들로 거듭나라는 것을 비유(譬喩)로 말씀하신 것입니다.

　이와 같이 예수님은 영적인 신랑이며 예수님의 제자들은 예비 신부이기 때문에 예수님께서 그의 제자들을 삼년 반 동안 더러운 몸을 말씀으로 깨끗이 씻어 정결(淨潔)한 처녀로 만들어 예수님과 제자들이 한 몸을 이루어서 열두 아들, 즉 열두 사도들을 낳게 된 것입니다. 이렇게 영적(靈的)인 남자는 하나님의 생명(씨)을 소유한 하나님의 아들들을 말하며 여자는 하나님의 아들을 통해서 말씀을 받을 준비가 된 정결(淨潔)한 처녀(밭)를 말하고 있습니다. 예수님께서 영적인 신랑과 신부를 열 처녀의 비유(譬喩)를 들어서 자세히 말씀하고 있습니다.

[마태복음 25장 1절-13절] 그 때에 천국은 마치 등을 들고 신랑을 맞으러 나간 열 처녀와 같다 하리니 그 중에 다섯은 미련하고 다섯은 슬기 있는지라 미련한 자들은 등을 가지되 기름을 가지지 아니하고 슬기 있는 자들은 그릇에 기름을 담아 등과 함께 가져갔더니 신랑이 더디 오므로 다 졸며 잘새 밤중에 소리가 나되 보라 신랑이로다 맞으러 나오라 하매 이에 그 처녀들이 다 일어나 등을 준비할새 미련한 자들이 슬기 있는 자들에게 이르되 우리 등불이 꺼져가니 너희 기름을 좀 나눠 달라 하거늘 슬기 있는 자들이 대답하여 가로되 우리와 너희의 쓰기에 다 부족할까 하노니 차라리 파는 자들에게 가서 너희 쓸 것을 사라 하니 저희가 사러 간 동안에 신랑이 오므로 예비하였던 자들은 함께 혼인잔치에 들어가고 문은 닫힌지라 그 후에 남은 처녀들이 와서 가로되 주여 주여 우리에게 열어주소서 대답하여 가로되 진실로 너희에게 이르노니 내가 너희를 알지 못하노라 하였느니라 그런즉 깨어 있으라 너희는 그 날과 그

시를 알지 못하느니라.

　상기의 말씀에 신랑은 예수님을 말하며 열 처녀는 하나님의 백성들을 말하고 있습니다. 오늘날 천주교인(天主敎人)들이나 기독교인(基督敎人)들은 열 처녀의 비유와 같이 모두 예수신랑을 기다리고 있는 예비신부들입니다. 때문에 하늘에 이상한 구름만 나타나도 혹시 예수님이 오시는가해 구름을 유심히 바라보고 있습니다. 그런데 상기의 말씀을 보면 예수님과 혼인을 하기 위해 기다리고 있는 처녀들이라 해도 모두 혼인잔치(婚姻殘置)에 들어가는 것이 아니라 등과 기름을 준비한 자들만 들어간다는 것을 말씀하고 있습니다. 여기서 말씀하고 있는 등은 정결한 처녀들의 몸을 말하며 기름은 생명의 말씀을 비유(譬喩)로 말씀하신 것입니다.

　그러므로 예수님을 맞이해 혼인(婚姻)을 하려면 먼저 자신의 몸을 정결(淨潔)하게 씻어야 하며 둘째는 기름준비, 즉 생명의 말씀을 날마다 받아서 아구까지 채워야 합니다. 그런데 오늘날 기독교인들은 등을 준비하거나 기름을 준비하지도 않고 예수신랑만 기다리고 있는 것입니다. 때문에 기름준비를 하지 못한 처녀는 예수님을 찾아가도 예수님께서 나는 너희를 알지 못한다고 문전 박대(門前 薄待)를 하는 것입니다. 그러므로 오늘날 기독교인들이 예수신랑을 만나 혼인잔치(婚姻殘置)를 하려면 먼저 하나님의 말씀으로 더러운 몸과 마음을 깨끗이 씻어야하고 둘째는 가나 혼인 잔치를 하기위해 돌 항아리에 물을 가득 채운 것과 같이 하나님의 말씀을 아구까지 채워야 합니다. 이렇게 신랑을 맞이하기 위해 등과 기름을 준비한 신부들에게는 지금도 예수님이 찾아오시는 것입니다.

이렇게 오늘날 신부님이나 수녀님들도 모두 예수를 만나 혼인잔치(婚姻殘置)를 하기위해 신부단장을 해야 할 예비신부들이며 신랑이 아니라는 것을 알아야 합니다.

그러므로 신부님이나 수녀님들은 물론 오늘날 기독교인들은 지금부터라도 예수신랑을 영접하기 위해 하나님의 말씀으로 날마다 더러운 몸과 마음을 깨끗이 씻고 생명의 말씀으로 아구까지 채워야 합니다. 그러면 등과 기름을 준비한 슬기로운 처녀들과 같이 천국(天國) 혼인잔치(婚姻殘置)에 들어가서 예수님과 혼인을 하게 될 것입니다.

신랑 신부

신랑을 맞으려는
신부는
순결하고 정결한 모습으로
아름답고 깨끗한 옷차림으로
신랑을 기다립니다

신부를 사랑하는
신랑은
마음이 가득하여
깨끗하고 정결한 신부를
기쁨으로 기다립니다

신랑은 신부를
신부는 신랑을
서로가 서로를 기다릴 때
둘이 아닌 하나로서
완전한 행복을 만들어 가며
행복한 삶을
찬양하며 살게 될 것입니다

23. 天主教(천주교)의 어떤 団体(단체)는 企業主(기업주)를 착취자로,
勤勞者(근로자)를 착취 당하는 者(자)로 斷定(단정), 企業(기업)의
分裂(분열)과 파괴를 助長(조장)하는데 資本主義 体制(자본주의 체제)와
美德(미덕)을 否認(부인)하는 것인가?

오늘날 천주교회나
천주교(天主教)의 단체(團體)들이
욕심(慾心)과 탐심(貪心)으로 부패(腐敗)해가는
교회(教會)들과 목회자(牧會者)들은 외면(外面)하고
기업주(企業主)들만 잘못되었다고 질책(質責)하는 것은
모순(矛盾)이라 생각합니다.

천주교의 어떤 단체는 기업주(企業主)를 착취자(搾取者)로 근로자를 착취당하는 자로 단정, 기업의 분열(分裂)과 파괴(破壞)를 조장하는데 자본주의(資本主義) 체제와 미덕(美德)을 부인하는 것인가?

　천주교의 어떤 단체는 기업주(企業主)들을 근로자들의 노임을 착취하는 자로 단정하고 기업의 분열(分裂)과 파괴(破壞)를 조장하는데 그러면 천주교는 자본주의 체제와 자본주의(資本主義) 장점(長點)들을 모두 부인(否認)하느냐는 것입니다. 왜냐하면 천주교는 사랑의 공동체(共同體)로 가진 자는 없는 자에게 나누어 주어야하며 가난하고 불쌍한 사람들을 돌보아야 하는 사명감(使命感)을 가지고 있기 때문입니다.

　그런데 오늘날의 대기업(大企業)의 총수(總帥)들은 문어발식으로 자기 기업체를 늘려가며 중소기업체나 영세 상인들이 설 곳이 없도록 잠식하고 있는 것입니다. 때문에 천주교는 대기업(大企業)의 기업주(企業主)들을 마치 근로자들의 임금을 착취하여 돈을 버는 악덕업자로 근로자들은 착취(搾取)를 당하는 선한 노동자로 매도(賣渡)하고 있는 것입니다. 그런데 천주교회(天主敎會)는 대기업(大企業)들이 근로자(勤勞者)들을 착취(搾取)하는 것은 보고 지적하면서 오늘날 부패(腐敗)한 대형교회들이 교회를 기업화(企業化) 해가면서 영혼들을 착취(搾取)하고 교인들의 재물(財物)을 착취(搾取)하는 것은 왜 보지 못하고 질책(質責)도 하지 않는지 이해(理解)할 수 없습니다. 오늘날 교회들은 죽어가는 영혼들을 구원하는 것이 아니라 교인들을 상품화해가면서 교인들의 재산(財産)과 헌금(獻金)을 착취(搾取) 하고 있다는 것은 자타가 알고 있는 사실입니다.

그런데 오늘날 하나님의 뜻을 이루어야 할 교회들이 날로 기업화(企業化) 되어가며 사업화(事業化) 되어가는 것은 곧 교인들을 인도하는 목회자(牧會者)들이 부패(腐敗)되어 간다는 것을 말해주고 있는 것입니다. 그러므로 천주교회나 교황(敎皇)이 진정한 하나님의 대리자(代理者)라면 대기업(大企業)이나 기업주(企業主)를 책망(責望)할 것이 아니라 오늘날 부패(腐敗)해가는 교회들과 삯군목자들을 질책(質責)하고 책망(責望)해야 한다고 생각합니다. 왜냐하면 불신자(不信者)들은 하나님도 모르고 죄도 모르기 때문에 근로자들을 착취(搾取)하지만 오늘날 하나님을 믿고 섬기는 교회들은 하나님도 알고 죄를 알면서도 교인들의 재산(財産)과 영혼(靈魂)들을 착취(搾取)하고 있기 때문입니다.

오늘날 이 세상이 이렇게 혼탁(混濁)하고 부패(腐敗)하게 된 것이 과연 어느 누구의 책임인가요? 그것은 정부나 사회단체(社會團體)의 책임(責任)보다 세상의 빛과 소금이라는 교회와 목회자(牧會者)들의 책임(責任)이라 생각합니다. 예수님께서 오늘날 교회들과 목회자(牧會者)들을 바라보시면서 너희는 천국 문을 닫아놓고 너희도 들어가지 않고 남도 못 들어가게 하면서 하나님의 형상과 모양을 입혀야 할 하나님의 백성들에게 가이사의 형상과 모양을 입히고 있다고 질책하고 있는 것은 바로 이 때문입니다. 그러면 오늘날 세상교회(世上教會)의 왕이며 모든 교회를 대표(代表)하는 가이사는 어느 누구를 말하는 것일까요?

　오늘날 천주교회나 천주교(天主教)의 단체(團體)들이 욕심(慾心)과 탐심(貪心)으로 부패(腐敗)해가는 교회(教會)들과 목회자(牧會者)들은 외면(外面)하고 기업주(企業主)들만 잘못되었다고 질책(質責)하는 것은 모순(矛盾)이라 생각합니다. 그런데 이렇게 기업주들의 잘못을 질책(質責)하고 책망(責望)하는 것은 개신 교회나 신부들이 스스로 결정 하는 것이 아니라 모두 교황(教皇)의 지시(指示)와 명령(命令)에 따른 것입니다. 왜냐하면 천주교회는 모두 교황(教皇)의 지시(指示)와 명령(命令)에 따라 운영하는 것이며 교회나 신부가 단독적으로 결정하지 못하기 때문입니다. 문제는 교황(敎皇)이나 천주교회(天主敎會)는 하나님의 대리자(代理者)로 오직 영혼(靈魂)을 구원하는 일을 하는 곳이지 정치(政治)를 간섭(干涉)하거나 경제나 기업주들을 좌지우지하는 권력단체(勸力團體)가 아니라는 것입니다.

그런데 오늘날 교황(敎皇)이나 천주교회(天主敎會)가 천주님의 이름으로 영혼(靈魂)을 구원(救援)하는 것보다 세계정세(世界情勢)를 통치(統治)하고 경제까지 간섭(干涉)하는 것은 교황(敎皇)이 절대군주(絕代君主)로 군림(君臨)하고 있다는 것을 말하고 있는 것입니다. 이것은 하나님의 백성인 유대인들의 왕이 예수님이 아니라 가이사 이었던 것처럼 오늘날 천주교인들의 왕은 예수님이 아니라 교황(敎皇)이라는 것을 말해 주는 것입니다. 요한복음 19장을 보면 하나님의 백성들인 유대인들의 왕이 예수님이 아니라 가이사라는 것을 분명하게 말씀해주고 있습니다.

[요한복음 19장 14절-16절] 이 날은 유월절의 예비일이요 때는 제 육시라 빌라도가 유대인들에게 이르되 보라 너희 왕이로다 저희가 소리지르되 없이 하소서 없이 하소서 저를 십자가에 못 박게 하소서 빌라도가 가로되 내가 너희 왕을 십자가에

못 박으랴 대제사장들이 대답하되 가이사 외에는 우리에게 왕
이 없나이다 하니 이에 예수를 십자가에 못 박히게 저희에게
넘겨주니라.

　　상기의 말씀은 유대교의 대제사장(大祭司長)들이 죄가
없으신 예수님을 잡아다가 십자가에 못 박아 죽이려고 빌
라도에게 참소(讒訴)하고 있는 장면입니다. 빌라도는 예수
님에게 죄가 없으신 것을 알고 예수님을 놓아주려고 하는
데 대제사장(大祭司長)들은 살인을 한 바라바를 놓아주고
죄 없는 예수를 십자가에 못 박아 죽이라고 외치는 것입니
다. 이때 빌라도가 유대교의 대제사장들에게 너희의 왕을
십자가에 못 박아 죽이라는 것이냐고 물으니 대제사장들은
우리의 왕은 가이사 밖에 없다고 말하고 있습니다.
　　이렇게 유대교인들에게 자신들의 왕은 하나님이 아니
라 로마의 왕인 가이사 이었던 것처럼 오늘날 천주교인들
의 왕도 하나님이 아니라 교황(敎皇)인 것입니다. 때문에
예수님을 십자가에 못 박아 죽인 것은 분명히 유대교의 대
제사장(大祭司長)들인데 오늘날 기독교인이나 천주교인들
은 사도신경(使徒信經)을 통해서 빌라도가 예수를 십자가
에 못 박아 죽였다고 위증(僞證)을 하고 있는 것입니다. 이

모두가 교황(敎皇)의 지시(指示)와 명령(命令)에 따른 것입
니다. 이것은 교인들의 영혼(靈魂)을 구원(救援)하고 살려
야 할 교황(敎皇)이 교인들에게 오히려 위증(僞證)을 시켜
죄를 범하게 만드는 행위입니다. 예수님이 말씀하셨듯이
이들은 천국문(天國門)을 닫아 놓고 자기도 들어가지 않고
남도 못 들어가게 하면서 교인들을 배나 더 지옥자식(地獄
子息)을 만들고 있는 것입니다. 사도바울은 오늘날 천주교
인들을 바라보시면서 이렇게 말씀을 하고 있습니다.

[갈라디아서 1장 6절-9절] 그리스도의 은혜로 너희를 부르
신 이를 이같이 속히 떠나 다른 복음 좇는 것을 내가 이상히
여기노라 다른 복음은 없나니 다만 어떤 사람들이 너희를 요란
케하여 그리스도의 복음을 변하려 함이라 그러나 우리나 혹 하
늘로부터 온 천사라도 우리가 너희에게 전한 복음 외에 다른
복음을 전하면 저주를 받을찌어다. 우리가 전에 말하였거니와
내가 지금 다시 말하노니 만일 누구든지 너희의 받은 것 외에
다른 복음을 전하면 저주를 받을찌어다.

예수님을 구주로 믿는 하나님의 백성들은 모두 그리스
도께서 부르셨다는 것을 알아야 합니다. 그런데 그리스도

의 은혜(恩惠)로 부르신 예수님을 속히 떠나 다른 복음, 즉 각종교리(各種教理)를 좇아간다는 것입니다. 사도바울은 이렇게 다른 복음을 좇아가는 하나님의 백성들을 이해할 수가 없어 한탄하시면서 다른 복음(福音)은 없다고 말씀하고 있습니다.

　다른 복음, 즉 다른 말씀은 그리스도를 떠난 삯군목자들이 하나님의 말씀을 가감(加減)하여 각종교리(各種教理)와 법(法)을 만들어 하나님의 백성들을 미혹(迷惑)하려는 것입니다. 그러므로 사도바울은 우리나 혹은 하늘로부터 온 천사라 해도 다른 복음을 전하면 하나님으로부터 저주(詛呪)를 받는다고 말씀하시는 것입니다. 사도바울은 고린도 후서 11장을 통해서도 다른 복음과 다른 예수와 다른 영(靈)에 대해서 말씀하고 있습니다.

[고린도후서 11장 3절-4절] 뱀이 그 간계로 이와를 미혹케 한것 같이 너희 마음이 그리스도를 향하는 진실함과 깨끗함에서 떠나 부패할까 두려워하노라 만일 누가 가서 우리의 전파하지 아니한 다른 예수를 전파하거나 혹 너희의 받지 아니한 다른 영을 받게 하거나 혹 너희의 받지 아니한 다른 복음을 받게 할 때에는 너희가 잘 용납하는구나.

상기의 뱀은 창세기에 아담과 하와를 미혹(迷惑)한 간교(奸巧)한 뱀을 말하는데 이 간교한 뱀은 하나님의 말씀을 가감(加減)하여 다른 예수와 다른 영(靈)과 다른 복음(福音)을 만들어 가지고 하나님의 백성들을 미혹(迷惑)하고 있는 오늘날의 거짓선지자와 삯군목자들을 말합니다. 즉 여기서 말씀하고 있는 뱀은 오늘날 하나님의 이름이나 말씀을 가지고 자신의 이권(利權)이나 욕심(慾心)을 채우려는 교회나 영적지도자(靈的指導者)들을 말하고 있습니다. 문제는 하나님의 백성들이 이러한 거짓선지자나 삯군 목자들의 말을 모두 믿고 잘 받아들이고 있다는 것입니다. 때문에 천국(天國)으로 가야할 하나님의 백성들이 삯군목자를 따라 지옥(地獄)으로 가고 있는 것입니다.

　성경(聖經)을 보면 지옥문(地獄門) 앞에서 슬피 울며 이를 가는 자들이 있는데 이들은 과연 어느 누구이며 또한 이들은 무엇 때문에 억울하다고 울고 있을까요? 만일 이들이 울고 있는 것을 모른다면 장차 지옥문(地獄門) 앞에서 슬피 울며 이를 갈고 있는 자가 바로 나 자신일 수도 있다는 것입니다.

　그러므로 오늘날 하나님의 백성들은 하루속히 거짓선지자와 거짓목자들이 만들어 놓은 다른 예수와 다른 영과 다른 복음에서 벗어나 하나님이 보내주시는 참 목자를 따라 하나님의 말씀으로 돌아가야 합니다.

　그러면 하나님께서 기뻐하실 것이며 생명의 좁은 길로 인도하여 주실 것입니다.

24. 地球의 終末은 오는가 ?
(지구)   (종말)

종말(終末)은
사람들이 말하는
시대적인 세상(世上)의 종말(終末)이 있고
예수님이 말씀하시는
영적(靈的)인 종말(終末)이 있습니다.

지구의 종말은 오는가?

　지구의 종말(終末)은 세상의 끝, 즉 말세(末世)를 말하는데 하나님께서 노아의 시대에 죄악(罪惡)의 관영함을 보시고 인류를 홍수(洪水)로 멸(滅)하신 것과 같이 오늘날 부패(腐敗)한 인간들은 불, 즉 곳곳에 저장되어 있는 핵무기(核武器)로 멸하실 것입니다. 그러면 하나님께서 멸하시는 지구의 종말(終末), 즉 세상이 끝나는 말세(末世)는 언제이며 어떻게 오는 것일까요? 세상의 종말(終末)은 천주교인들이나 기독교인들뿐만 아니라 타 종교인(宗敎人)이나 불신자(不信者)들도 모두 두려워하는 날입니다. 사람들은 세상이 점점 부패(腐敗)해가는 것을 보고 이구동성으로 말세(末世)라 말하고 있습니다. 즉 하나님의 심판(審判)이 곧 도래(到來)한다는 것입니다. 그런데 종말(終末)을 알려면 먼저 하나님께서 성경(聖經)을 통해서 말씀하시는 종말(終末)에 대해서 알아야 한다는 것입니다.

　종말(終末)은 사람들이 말하는 시대적인 세상(世上)의 종말(終末)이 있고 예수님이 말씀하시는 영적(靈的)인 종말(終末)이 있습니다. 그런데 천주교인들이나 기독교인들이 기다리는 종말(終末)은 시대적인 세상의 종말이 아니라 예수님이 구름타고 오셔서 심판하시는 영적(靈的)인 종말(終末)을 말하고 있습니다. 그러면 주님이 재림(再臨)하시는 종말(終末)은 과연 언제 어떻게 오는 것일까요? 그 해답은 예수님이 오신지 이천년(二天年)이 지난 지금까지 아무도 아는 사람이 없었고 앞으로도 분명하게 알 수 없는 것이 종말(終末)입니다. 왜냐하면 불신자들은 물론 오늘날 기독교인들도 하나님이 말씀하시는 종말(終末)의 영적(靈的)인 뜻을 전혀 모르기 때문입니다.

그러므로 오늘날 기독교인들은 종말(終末)이 언제 오는가를 알기보다 하나님께서 말씀하고 계신 종말(終末)이 무엇인가를 아는 것이 더 중요하다고 생각합니다. 만일 하나님께서 말씀하시는 종말(終末)을 모른다면 지금까지 해온 신앙생활(信仰生活)이나 앞으로 하는 신앙생활(信仰生活)도 아무 소용이 없다는 것을 알아야 합니다. 때문에 오늘날 기독교인들은 설령 다른 것은 모른다 해도 하나님께서 말씀하시는 종말(終末)에 대해서는 반드시 알아야 합니다. 세상이 끝나는 종말(終末) 때문에 수많은 예언자들과 이단교회(異端敎會)의 목회자(牧會者)들이 종말(終末)을 예언하며 주님을 기다리고 있었으나 지금까지 단 한 번도 적중한 사람이나 교회가 없었습니다. 왜냐하면 하나님께서 말씀하시는 종말(終末)은 예수님이나 하나님의 생명으로 거듭난 하나님의 아들들만이 알고 있기 때문입니다. 그러므로 예수님이 오신지 이천년이 지난 지금까지 종말(終末)을 모르고 있다는 것은 지금까지 하나님의 아들들이 없었다는 것을 말해 주는 것입니다. 이제 예수님께서 말씀하시는 종말(終末)에 대해서 성경(聖經)을 통하여 자세히 알아보기로 하겠습니다. 하나님께서 성경이나 예수님을 통해서 말씀하시는 종말(終末)은 시대적인 세상의 종말(終末)이 아니라 개개인 안에서 일어나는 개인적(個人的) 종말(終末)을 말씀하고 있습니다.

왜냐하면 자신 안에서 종말의 사건이 일어나지 않는다면 세상의 종말(終末)이 오고 주님이 오신다 해도 자신과는 아무런 상관없이 심판(審判)을 받아 지옥(地獄)으로 들어가기 때문입니다. 하나님께서 말씀하시는 영적인 종말(終末)은 예수님께서 마태복음 24장을 통해서 자세히 말씀해주고 있습니다.

[마태복음 24장 1절-3절] 예수께서 성전에서 나와서 가실 때에 제자들이 성전 건물들을 가리켜 보이려고 나아오니 대답하여 가라사대 너희가 이 모든 것을 보지 못하느냐 내가 진실

로 너희에게 이르노니 돌 하나도 돌 위에 남지 않고 다 무너뜨리우리라. 예수께서 감람산 위에 앉으셨을 때에 제자들이 종용히 와서 가로되 우리에게 이르소서 어느 때에 이런 일이 있겠사오며 또 주의 임하심과 세상 끝에는 무슨 징조가 있사오리이까.

상기의 말씀은 예수님께서 성전건물을 모두 무너뜨리겠다고 하시는 말씀을 듣고 예수님의 제자(弟子)들이 놀라서 예수님에게 조용히 다가와서 이러한 일이 어느 때에 일어나며 주의 임하심과 세상 끝에는 무슨 징조(徵兆)가 일어나느냐고 종말(終末)에 대하여 묻고 있는 것입니다. 이 말씀은 성전(聖殿)이 모두 무너지는 날이 세상 끝이며 세상(世上)이 끝나는 날이 곧 주가 임하시는 날이라는 것입니다. 문제는 예수님이 말씀하시는 종말(終末)은 세상이 모두 파괴되어 멸망하는 날이 아니라 성전(聖殿)이 무너지는 날이라 말씀하고 있으며 또한 성전(聖殿)이 무너지는 날이 곧 주님이 오시는 날이라는 것입니다. 그러면 예수님께서 무너뜨리겠다는 성전건물(聖殿建物)은 어떤 성전(聖殿)들을 말씀하고 있는 것일까요?

하나님의 성전(聖殿)은 솔로몬이 건축한 예루살렘 성전

(聖殿)으로부터 시작(始作)하여 오늘날 베드로 성전(聖殿)과 밀라노성전과 같은 대형 성전(聖殿)들이 곳곳마다 있고 오늘날 개신교의 목회자들도 서로 경쟁(競爭)이라도 하듯이 성전건물을 수백억 혹은 수천억씩 들여서 대형교회(大形敎會)들을 아름답게 짓고 있습니다. 그런데 만일 예수님께서 이렇게 건축(建築)된 하나님의 성전(聖殿)들을 모두 무너뜨린다면 누가 하나님의 성전(聖殿)을 짓겠습니까? 그러므로 예수님이 모두 무너뜨리겠다는 성전(聖殿)을 올바로 알아야 합니다.

예수님께서 모두 무너뜨리겠다는 성전(聖殿)은 사람이 손으로 지은 건물이 아니라 하나님의 백성들의 마음과 생각 속에 비 진리(교리)로 건축해놓은 내적 성전(聖殿)을 말씀하고 있는 것입니다. 즉 예수님께서 모두 무너뜨리겠다는 성전(聖殿)은 곧 거짓선지자와 삯군목자들로 부터 지금까지 듣고 배워서 쌓은 비 진리와 그로인해 잘못된 신앙(信仰)의 고정관념(固定觀念)들을 말하고 있습니다. 그러면 예수님께서 이러한 잘못된 고정관념(固定觀念)들을 무엇으로 깨뜨리고 무너뜨리느냐 하는 것입니다.

예수님은 이러한 잘못된 성전(聖殿), 즉 잘못된 신앙의 관념(觀念)들을 돌로 부수고 깬다고 말씀하고 있는데 돌은 사람이 건축(建築)할 때 사용하는 돌이 아니라 하나님의 말씀을 비유(譬喻)로 말씀하신 것입니다. 본문에 돌 하나도 돌 위에 남지 않고 무너뜨린다는 말씀의 뜻은 땅에 있는 죽은 돌(생명이 없는 비 진리)을 위에 있는 산돌(생명의 말씀)로 무너뜨린다는 것을 비유(譬喻)하여 말씀하고 있는 것입니다.

이 말씀의 진정(眞正)한 뜻은 예수님의 입에서 나오는 생명의 말씀으로 삯군목자들로 부터 받아 가지고 있는 비 진리, 즉 의식화(意識化)된 고정관념(固定觀念)들을 깨고 부순다는 의미(意味)입니다. 즉 오늘날 하나님의 백성들 안에 자리 잡고 있는 잘못된 신앙의 고정관념(固定觀念)들이 모두 깨지고 부서져 자기존재(自己存在)가 완전히 없어지는 날이 곧 종말(終末)이라는 것입니다. 왜냐하면 육과 혼에 속한 죄인의 존재가 모두 죽어서 없어져야 하나님의 생명으로 거듭나서 하나님의 아들로 태어나기 때문입니다. 성경은 하나님의 말씀으로 자아가 깨지고 부서져 고운 가루가 되는 과정을 죄 사함 혹은 세례라고도 말하고 있습니다.

로마서 6장을 보면 그리스도 예수와 함께 세례를 받을 때 그의 죽으심과 함께 죽으면 하나님께서 그리스도 예수를 죽은 자 가운데서 살리심과 우리도 그와 함께 살리신다고 말씀하고 있습니다. 이와 같이 예수님의 말씀을 통해서 우리의 존재(存在)가 죽는 날이 종말(終末)이며 우리의 존재가 죽으면 우리 안에 주님이 임하시게 되는 것입니다.

때문에 예수님께서 너희가 죽고자 하면 살 것이고 살고자 하면 죽으리라고 말씀하신 것입니다. 그러면 종말(終末)이 올 때 어떤 징조(徵兆)가 나타나는 것일까요?

[마태복음 24장 4절-14절] 예수께서 대답하여 가라사대 너희가 사람의 미혹을 받지 않도록 주의하라 많은 사람이 내 이름으로 와서 이르되 나는 그리스도라 하여 많은 사람을 미혹케 하리라 난리와 난리 소문을 듣겠으나 너희는 삼가 두려워 말라 이런 일이 있어야 하되 끝은 아직 아니니라 민족이 민족을 나라가 나라를 대적하여 일어나겠고 처처에 기근과 지진이 있으리니 이 모든 것이 재난의 시작이니라 그 때에 사람들이 너희를 환난에 넘겨주겠으며 너희를 죽이리니 너희가 내 이름을 위하여 모든 민족에게 미움을 받으리라 그 때에 많은 사람이 시험에 빠져 서로 잡아주고 서로 미워하겠으며 거짓선지자가 많이 일어나 많은 사람을 미혹하게 하겠으며 불법이 성하므로 많은 사람의 사랑이 식어지리라 그러나 끝까지 견디는 자는 구원

을 얻으리라 이 천국복음이 모든 민족에게 증거되기 위하여 온 세상에 전파되리니 그제야 끝이 오리라.

종말(終末)에 나타나는 징조(徵兆)는 거짓선지자가 예수님의 이름으로 와서 내가 그리스도라고 하면서 하나님의 백성들을 미혹(迷惑)한다는 것입니다. 때문에 오늘날 자신이 메시야다 혹은 재림(再臨)예수다 하는 자들이 많이 나타나서 사람들을 미혹(迷惑)하며 종말(終末)을 예언(豫言)하고 또한 십사만사천명(十四萬四千名)을 모으는 교회도 있습니다. 오늘날 기독교인들은 자신이 메시야다 혹은 예수라고 하면 무조건 이단(異端)으로 매도(賣渡)하며 배척(排斥)을 하고 있습니다. 그런데 예수님이나 사도들은 하나님의 백성들이 이단(異端)으로 몰아 배척(排斥)하고 정죄(定罪)하는 자들 가운데 계셨으며 정통보수(正統保守)라는 유대교 안에는 없다는 것을 알아야 합니다.

왜냐하면 예수님이나 사도들은 유대인들이 모두 나사렛 예수의 괴수(魁首)라고 배척(排斥)하는 이단(異端)들 가운데 있었기 때문입니다. 정통보수신앙(正統保守信仰)인 유대교의 제사장이나 바리새인들이 예수와 사도들을 이단(異端)으로 배척(排斥)하고 죽인 것은 예수님이나 사도들이

전하는 말씀은 모두 유대교의 교리를 대적(對敵)하는 원수
(怨讐)이며 마귀(魔鬼)였기 때문입니다. 이러한 사건은 예
전이나 지금이나 동일하게 일어나는 일로 오늘날 삯군목자
를 따라 멸망(滅亡)의 넓은 길을 가는 자들이 참 목자를 따
라 생명의 좁은 길을 가는 자들을 이단(異端)으로 매도(賣
渡)하며 핍박(逼迫)하고 있는 것입니다.

　이어지는 말씀에 민족(民族)과 민족(民族)이 그리고 나
라와 나라가 서로 대적(對敵)하여 일어난다는 것은 예수님
을 따라 생명의 좁은 길을 가는 자들과 유대교의 제사장(祭
司長)들을 따라 넓고 평탄한 멸망의 길을 가는 자들이 서로
대적(對敵)을 하며 영적인 싸움을 한다는 뜻입니다. 때문에
생명의 좁은 길을 가는 자들을 멸망(滅亡)의 넓은 길을 가
는 자들이 환난(患難)에 던지며 죽이려고 하는 것입니다.
이렇게 예수님을 따라 생명의 좁은 길을 가는 자들은 생명
의 말씀 때문에 삯군목자를 따라 넓고 평탄한 길을 가는 자
들에게 미움과 핍박(逼迫)을 받게 되는 것입니다. 그러나
이러한 환난(患難) 속에서 고통(苦痛)을 참고 끝까지 견디
는 자는 구원(救援)을 얻게 된다는 것입니다.

　이어지는 말씀에 천국복음이 모든 민족에게 증거(證據)
되기 위하여 온 세상에 전파(傳播)되면 그때 종말(終末), 즉

세상(世上) 끝이 온다고 말씀하고 있습니다. 때문에 오늘날 기독교인들은 천국복음을 땅 끝까지 전파(傳播)하기 위해 선교사(宣敎師)를 해외 오지(奧地)까지 파송(派送)하여 복음을 전하고 있습니다. 그런데 예수님이 말씀하시는 온 세상(世上) 땅 끝은 그런 의미가 아니라 생명의 말씀이 자신 안에 아구까지 차는 때를 비유로 말씀하고 있는 것입니다. 왜냐하면 돌 항아리에 물이 아구까지 채워질 때 포도주로 변한 것과 같이 내 안에 생명의 말씀을 아구까지 채울 때 내 존재가 죽어 없어지고 하나님의 생명으로 거듭나기 때문입니다. 즉 세상적(世上的)인 혼적(魂的) 존재가 죽고 하나님의 생명으로 거듭나기 직전(直前)을 세상 끝 혹은 종말(終末)이라 말씀하시는 것입니다.

이렇게 예수님께서 말씀하시는 종말(終末)은 시대적 종말(終末)이 아니라 각 개인 안에서 일어나는 개인적(個人的) 종말(終末)을 말씀하고 있는 것입니다. 왜냐하면 내 안에서 나에게 종말(終末)이 일어나지 않아 하나님의 생명으로 거듭나지 못한다면 설령 세상의 종말(終末)이 온다 해도 내게는 아무 소용이 없기 때문입니다. 이와 같이 예수님이 말씀하시는 영적(靈的)인 종말(終末)이 예수님의 제자들 안에서 일어나 제자(弟子)들이 모두 하나님의 생명으로 거듭나서 하나님의 사도(使徒)들로 나타난 것입니다. 그러므로 예수님의 제자(弟子)들에게 일어났던 종말(終末)이 오늘날 기독교인들에게도 반드시 일어나야 하는 것입니다. 이렇게 기독교인들이 기다리고 있는 종말(終末)과 예수님의 재림(再臨)은 지금까지 기독교 안에는 없었지만 기독교 밖에서는 항상 일어나고 있었고 지금도 일어나고 있는 일들입니다.

그런데 안타깝게도 오늘날 기독교인(基督敎人)들은 예수님께서 말씀하시는 종말(終末)의 뜻을 모르기 때문에 지금도 구름타고 오시는 예수님을 기다리고 있는 것입니다. 문제는 예수님께서 세상을 떠나시면서 분명히 나를 찌른 자도 볼 수 있게 속히 오겠다고 약속하고 떠나셨는데 예수님은 이천년이 지난 지금까지 오시지 않고 있다는 것입니다.

이렇게 약속을 어기고 지금까지 오시지 않는 예수님을 기독교인들은 지금도 기다리고 있는 것입니다. 그러나 예수님은 약속하신대로 예수님을 찌른 자도 볼 수 있게 속히 오신 것입니다. 단지 유대인들이나 오늘날 기독교인들이 약속대로 속히 오신 예수님을 보지 못하고 오시지 않았다고 말하는 것입니다. 왜냐하면 예수님은 약속대로 십자가

(十字架)에서 죽으신 후에 예수님의 열두 제자들 안에서 부활(復活)하셔서 재림주(再臨主)로 속히 오셨기 때문입니다.

즉 예수님이 부활(復活)하신 곳은 예수님이 장사된 무덤이 아니라 열두 제자들의 몸이며 예수님이 부활(復活)된 열두 제자들이 곧 예수님의 부활체(復活體)이며 재림(再臨)예수님입니다. 이렇게 예수님은 제자(弟子)들 안에서 부활(復活)하여 오셔서 당시에 예수님을 찌른 자도 볼 수 있게 속히 오신 것입니다. 그런데 유대인들이나 기독교인들은 예수님이 부활(復活)하여 오신 재림예수의 실체를 모르기 때문에 지금도 손오공처럼 구름타고 오시는 예수님을 기다리고 있는 것입니다.

문제는 오늘날 기독교인들이 예수님께서 구름타고 오신다는 구름이 영적으로 무슨 구름을 말씀하고 있는지도 모르고 하늘에 뜬구름만 쳐다보고 있는 것입니다. 구름은 물이 기체(氣體)로 변하여 나타난 것이라는 것은 누구나 잘 알고 있습니다. 그런데 물은 영적으로 말씀을 말하기 때문에 구름은 말씀이 부활(復活)된 생명의 말씀을 말하는 것입니다. 그러므로 예수께서 구름타고 오신다는 진정(眞情)한 뜻은 예수님이 생명의 말씀과 함께 말씀이 육신(肉身) 되어 오신다는 것을 비유(譬喻)로 말씀하신 것입니다. 이렇게 예수님은 초림(初臨) 때 말씀이 육신 되어 오셨던 모습 그대로 지금도 우리 가운데 말씀이 육신(肉身)이 되어 생명의 말씀을 가지고 오시는 것입니다.

이렇게 말씀이 육신(肉身)이 되어 생명의 말씀을 가지고 오시는 오늘날의 예수님은 이미 오셔서 지금도 계신 것입니다. 다만 오늘날 기독교인들이 영안(靈眼)이 없어서 예수님이 앞에 계셔도 알아보지 못하고 있을 뿐입니다. 왜냐하면 예수님은 알파와 오메가, 즉 시작(始作)부터 영원(永遠)까지 항상 우리가운데 계시는데 만일 예수님이 지금 계시지 않는다면 오늘날 기독교인들은 절대로 구원(救援)을 받을 수 없고 따라서 하나님의 아들로 거듭나서 천국(天國)으로 들어갈 수 없기 때문입니다. 때문에 예수님께서 "내가 길이요 진리요 생명이니 나로 말미암지 않고는 아버지께로 갈자가 없다"고 말씀하신 것입니다.

그러므로 오늘날 기독교인들은 오늘날 살아계신 하나님의 아들을 찾아서 그 입에서 나오는 생명의 말씀으로 지금까지 쌓아놓은 신앙의 고정관념(固定觀念)들을 모두 깨고 부수어 자신 안에서 종말(終末)의 사건이 일어나야 합니다. 만일 예수님이 말씀하시는 종말(終末)의 사건(事件)이 일어나 하나님의 생명으로 거듭나게 된다면 그가 바로 재림예수이며 천국(天國)이며 또한 오늘날의 구원자(救援者)이며 하나님의 아들인 것입니다. 그러므로 오늘날 기독교인(基督敎人)들은 오늘날 재림(再臨)하신 예수님을 찾아서 그의 말씀을 영접(迎接)하여 하나님의 아들로 거듭나야 합니다.

하나님은 지금 이 순간에도 오늘날 기독교인(基督敎人)들이 하나님께서 보내주시는 오늘날의 구원자(救援者)를 만나 모두 하나님의 아들로 거듭나기를 기다리고 계십니다.

저자는 故 이병철 회장님의 24가지 질문의 답변(答辯)을 모두 마치면서 이 답변서(答辯書)를 기록(記錄)할 수 있도록 도와주신 하나님과 故 이병철 회장님께 진심으로 감사를 드립니다.

마지막 날

마지막 날
부한 자들아
고생을 인하여 울고 통곡하라

너희의 재물과 옷이
좀 먹었고
너희 믿음과 사랑은
녹이 슬었으니

마지막 날에
죽기 위해
재물을 쌓았도다

모든 것을 버리고
내게로 돌아오면
마지막 날에
내가 너를 살리리라

부록

구원받은 우편강도의 믿음

오늘날 기독교인들은
성경(聖經)을 통해서 예수님이 말씀하고 있는
구원관(救援觀)이나 하나님이 주시는 상급이나
천국의 실체(實體)를 전혀 모르고 있습니다.
또한 구원받은 우편강도(右便強盜)가 어떤 존재인지,
그의 믿음이 어떠한 믿음인지 조차도
전혀 모르고 있습니다.

구원받은 우편강도의 믿음

　예수님께서 십자가에 달려 돌아가실 때에 십자가의 좌우에 함께 달려 죽어간 두 강도 중에 구원을 받아 천국으로 간 우편강도를 기독교인이라면 어느 누구나 잘 알고 있을 것입니다. 왜냐하면 죽을 수밖에 없는 죄인들도 예수를 믿기만 하면 구원을 받고 천국(天國)에 갈 수 있다는 확실한 근거(根據)와 증거(證據)가 바로 십자가 우편에 달려있던 강도의 믿음과 구원이기 때문입니다. 목사님들이 바로 이 말씀 때문에 평생 동안 예수님을 믿지 않고 살아서 지옥에 갈 수밖에 없는 영혼들도 운명하기 직전에 예수님을 믿는다고 입으로 시인(是認)만 하면 모두 구원받아 천국 갈 수 있다는 생각으로 구원(救援)을 시키는 것입니다. 이 때문에 죽어가는 사람이 운명하기 직전 5분의 여유만 있어도 초읽기를 하며 달려가 구원시키고 있습니다.

　이렇게 성경 말씀 가운데 우편강도의 믿음과 구원은 기독교인들에게 가장 큰 기쁨과 소망(所望)을 주는 말씀이라 할 수 있습니다. 왜냐하면 오늘날 기독교인들이 가장 확실하게 구원받았다고 주장할 수 있고 반드시 천국에 갈 수 있다는 소망과 증거가 바로 우편강도의 믿음과 구원(救援)이기 때문입니다. 그러므로 예수님을 믿지 않던 불신자(不信者)라 해도 운명(運命)하기 전에 예수를 믿는다고 입으로 시인(是認)만 하면 그 영혼이 구원을 받아 천국(天國)으로 갔다고 목사님과 그의 가족들이 모두 기뻐하는 것입니다. 이렇게 구원받기도 쉽고 천국가기도 쉬운데 기독교인들은 무엇 때문에 평생 동안 예수를 믿으면서 그렇게 어렵고 힘들게 신앙생활(信仰生活)을 하는 것입니까? 만일에 구원을 받는 것이나 천국을 가는 것이 이렇게 쉽다면 불신자들처럼 주일날에 가족이나 친구들과 함께 즐기고 여행도 다니며 또한 주일날 사업도 하면서 행복하게 살다가 죽음 직전에 예수를 믿는다고 시인(是認)만 하면 되지 않겠습니까?

이러한 질문(質問)을 하면 기독교인들이 교회에 나아가 신앙생활(信仰生活)을 열심히 하고 있는 것은 구원(救援)을 받으려는 것이 아니라 하나님으로부터 상급 받기 위함이라 말을 합니다. 이렇게 기독교인들은 예수를 믿고 구원(救援)은 이미 받았지만 신앙생활(信仰生活)을 열심히 해야 천국에 가서 하나님께 큰 상급도 받고 대궐 같은 큰 집에서 잘 살 수 있다고 말합니다. 오늘날 기독교인들은 성경(聖經)을 통해서 예수님이 말씀하고 있는 구원관(救援觀)이나 하나님이 주시는 상급이나 천국의 실체(實體)를 전혀 모르고 있습니다. 또한 구원받은 우편강도(右便强盜)가 어떤 존재인지, 그의 믿음이 어떠한 믿음인지 조차도 전혀 모르고 있습니다.

주님께서 성경을 통하여 말씀하고 계신 구원은 첫째 예수님을 믿고, 둘째 예수님의 음성을 듣고, 셋째 하나님의 나라를 보고, 넷째 하나님의 뜻대로 행하여 하나님의 아들로 거듭나는 것을 말합니다. 즉 예수를 믿는 것은 구원의 시작이며 완성이 아니라는 말입니다. 또한 예수님이 말씀하시는 천국은 특정한 장소가 아니라 예수님 자신을 말씀하고 있으며, 예수님과 같이 하나님의 생명으로 거듭난 하나님의 아들들의 세계를 하늘나라라고 말씀하고 있습니다. 그리고 하나님께서 우리에게 주시는 상급이나 상은 세상의 금은보화(金銀寶貨)나 명예(名譽)가 아니라 생명의 면류관(冕旒冠)으로써 하나님의 생명을 말하고 있습니다. 즉 하나님께서 주시는 상은 크고, 작고, 좋고 나쁜 것이 아니라 모두가 동일한 하나님의 생명을 말씀하고 있습니다. 그런데 오늘날 기독교인들이 영적인 하늘의 세계를 육신적(肉身的)이거나 물질적(物質的)인 세계로 오해(誤解)를 하고 있습니다. 그 이유는 아직 성령으로 거듭나지 못한 자들은 하나님의 말씀을 듣고 보는 것을 모두 육신적인 차원에서 듣고 보고 생각하고 있기 때문입니다. 그러나 진정한 하나님의 백성들이라면 하나님은 영이시라는 것과 하나님의 모든 말씀 역시 영적인 말씀이라는 것을 알아야 합니다. 예수님께서 유대인들에게 너희는 귀가 있어도 듣지 못하고 눈이 있어도 보지 못한다고 말씀하신 이유는 하나님의 영적인 말씀은 하나님의 생명으로 거듭난 자들만이 듣고 볼 수 있다는 뜻에서 하신 말씀입니다. 이 때문에 예수님께서 유대인들에게 하나님의 나라와 영적인 말씀들을 전할 때 모두 비사(秘事)와 세상의 비유(譬喻)를 들어서 말씀하신 것입니다.

이와 같이 십자가 우편에 달린 우편강도의 믿음은 영적인 눈으로 바라보지 않으면 절대로 이해할 수가 없습니다. 오늘날 기독교인들은 십자가의 우편강도(右便强盜)나 좌편강도(左便强盜)를 단순히 세상의 강도(强盜)로만 생각하고 있습니다. 그러나 성경이 말하고 있는 강도(强盜)는 세상의 물질을 탈취(奪取)하는 자를 말하는 것이 아니라 영혼(靈魂)을 탈취(奪取)하는 자들을 말하고 있습니다. 즉 성경이 말하는 강도는 하나님의 양들을 늑탈(勒奪)하는 삯군 목자나 하나님의 백성들을 미혹(迷惑)하고 있는 거짓선지자들입니다. 이 때문에 예수님도 영혼을 탈취(奪取)하여 죽이고 있는 삯군목자나 거짓선지자들에게 절도요 강도(強盜)라고 말씀하신 것입니다. 왜냐하면 이들은 교인들을 천국으로 인도하는 것이 아니라 배나 더 지옥자식(地獄子息)을 만들고 있기 때문입니다.

[마태복음 23장 13절–15절] 화 있을찐저 외식하는 서기관들과 바리새인들이여 너희는 천국 문을 사람들 앞에서 닫고 너희도 들어가지 않고 들어가려 하는 자도 들어가지 못하게 하는도다 화 있을찐저 외식하는 서기관들과 바리새인들이여 너희는 교인 하나를 얻기 위하여 바다와 육지를 두루 다니다가 생기면 너희보다 배나 더 지옥자식이 되게 하는도다.

상기의 서기관과 바리새인들은 오늘날 삯군목자와 거짓선지자들을 말합니다. 이들은 하나님의 백성들을 각종교리(各種敎理)로 미혹(迷惑)하여 천국으로 가는 길을 막고 있습니다. 이들은 자신들도 천국이나 가나안땅은 물론 출애굽하여 광야도 들어가 보지 못한 자들입니다. 이러한 삯군 목자나 거짓선지자들은 천국의 실체(實體)나 천국(天國)으로 가는 길도 모르면서 이신칭의(二信稱義) 교리(敎理)를 만들어 예수를 믿기만 하면 모두 천국으로 들어간다고 거짓증거를 하고 있는 것입니다. 이 때문에 천국으로 들어가야 할 영혼(靈魂)들이 모두 지옥(地獄)으로 들어가게 되는 것입니다. 성경은 이런 자들을 가리켜 영혼들을 탈취(奪取)하여 죽이고 있는 좌편강도(左便强盜)라 말하고 있습니다. 그러면 우편강도(右便强盜)는 무엇을 도적질하는 어떤 강도를 말하는가? 우편강도(右便强盜)는 좌편강도(삯군목자와 거짓선지자)들에게 탈취당해 죽어가는 영혼들을 구원(탈취)하여 하나님께 인도하는 하나님의 참목자들을 말합니다. 또한 삯군 목자나 거짓선지자들에게 영혼을 늑탈(勒奪)당하고 상처받은 양들을 구원하고 보살펴서 하나님의 아들들로 거듭나게 하는 구원자들을 우편강도(右便强盜)라 말하고 있습니다. 우편강도(右便强盜)는 예루살렘에서 여리고로 내려가는 길에 강도를 만나 상처를 받고 죽어가는 자를 돌보며 구원하는 선한 사마리아인(예수)과 같은 자들을 말합니다.

[누가복음 10장 30절-37절] 예수께서 대답하여 가라사대 어떤 사람이 예루살렘에서 여리고로 내려가다가 강도를 만나매 강도들이 그 옷을 벗기고 때려 거반 죽은 것을 버리고 갔더라

마침 한 제사장이 그 길로 내려가다가 그를 보고 피하여 지나가고 또 이와 같이 한 레위인도 그곳에 이르러 그를 보고 피하여 지나가되 어떤 사마리아인은 여행하는 중 거기 이르러 그를 보고 불쌍히 여겨 가까이 가서 기름과 포도주를 그 상처에 붓고 싸매고 자기 짐승에 태워 주막으로 데리고 가서 돌보아 주고 이튿날에 데나리온 둘을 내어 주막 주인에게 주며 가로되 이 사람을 돌보아 주라 부비가 더 들면 내가 돌아올 때에 갚으리라 하였으니 네 의견에는 이 세 사람 중에 누가 강도 만난 자의 이웃이 되겠느냐 가로되 자비를 베푼 자니이다 예수께서 이르시되 가서 너도 이와 같이 하라 하시니라

상기의 말씀은 예루살렘에서 여리고로 내려가다가 강도(強盜)를 만나 옷을 빼앗기고 매를 맞아 거의 죽어가는 사람을 구원하는 선한 사마리아인의 이야기입니다. 이 말씀에 예루살렘에서 여리고로 내려가는 사람은 분명히 하나님의 백성이라는 것을 알 수 있습니다. 그런데 왜 강도(좌편)들이 금품을 탈취하지 않고 한 벌 밖에 없는 옷을 벗기며 때려서 죽게 한 것입니까? 이것은 본문에서 예수님이 말씀하시는 강도는 세상의 강도(強盜)가 아니라 영적인 강도(좌편강도), 즉 삯군목자와 거짓선지자들이라는 것을 말

해 주는 것입니다. 때문에 이들이 빼앗는 옷도 세상의 의복(衣服)이 아니라 그리스도의 옷, 즉 하나님의 말씀을 말하고 있습니다. 이들은 하나님의 말씀을 가지고 가나안으로 가는 자들을 공격하여 말씀을 빼앗고 있습니다. 왜냐하면 생명의 말씀을 소유하고 있는 자들을 살려두면 좌편강도들(삯군목자와 거짓선지자)의 모든 거짓이 들어나 자신들에게 화(禍)가 미치기 때문입니다. 이와 같이 좌편강도(左便强盜)들은 우편강도(右便强盜)와 우편강도를 따르는 자들을 이단(異端)으로 핍박을 하고 죽이는 것입니다.

결국 예수님과 사도들을 핍박하고 죽이는 제사장들과 바리새인들은 좌편강도(左便强盜)이며 삯군목자에게 탈취(奪取)당한 영혼(靈魂)들을 구원하는 예수님과 사도들은 우편강도라는 것입니다. 이렇게 좌편의 강도(强盜)와 우편의 강도(强盜)는 서로 대적(對敵)을 하는 원수(怨讐)와 같은 입장입니다. 이 때문에 좌편강도(左便强盜)들이 우편강도(右便强盜)를 찾아가는 자들의 말씀(옷)을 빼앗고 때리는 것입니다.

이어지는 말씀을 보면 강도를 만나 죽어가는 교인을 제사장(목회자)과 레위인(장로)이 외면을 하며 피해서 간다는 것입니다. 그러면 오늘날 교회의 목사님이나 장로님들도 강도를 만나 상처입고 죽어가고 있는 자들을 외면(外面)하고 피해간다는 말이 아닙니까? 말도 안 된다고 하겠지만 사실이 그렇습니다. 왜냐하면 이러한 일들은 오늘날 기독교 안에서도 동일하게 일어나고 있는 일이기 때문입니다. 본문에서 예루살렘을 떠나 여리고로 내려가는 사람은 세상 교회를 벗어나 가나안의 새 예루살렘 성전을 찾아가는 영적인 나그네, 고아, 과부를 말합니다. 이와 같이 오늘날도 참목자를 찾아가는 교인들을 목사님들은 이단(異端)에 빠졌다고 온갖 핍박(逼迫)을 하며 멸시천대(蔑視賤待)를 하고 있습니다. 그러나 선한 사마리아 사람(예수)은 이렇게 강도(强盜)를 만나 죽어가는 자에게 기름(성령)과 포도주(말씀)를 상처에 붓고 싸매며 끝까지 돌보아 주는 것을 볼 수 있습니다. 그런데 사마리아인이 소유(所有)하고 있는 기름은 성령(聖靈)을 말하며 포도주는 하나님의 말씀을 말하고 있습니다.

이와 같이 우편강도(右便强盜)는 예수님과 사도들과 같이 좌편강도(左便强盜)들에게 탈취(奪取)당한 영혼(靈魂)들을 구원하여 살리는 목자를 말하며 좌편강도(左便强盜)는 천국으로 가려는 영혼들을 가로막고 배나 지옥자식(地獄子息)을 만들고 있는 자들을 말합니다. 이제 성경 말씀을 통

하여 우편강도(右便强盜)와 좌편강도(左便强盜)에 대하여
자세히 살펴보기로 하겠습니다.

[누가복음 23장 32절-43절] 또 다른 두 행악자도 사형을 받
게 되어 예수와 함께 끌려 가니라 해골이라 하는 곳에 이르러
거기서 예수를 십자가에 못박고 두 행악자도 그렇게 하니 하나
는 우편에, 하나는 좌편에 있더라 이에 예수께서 가라사대 아버
지여 저희를 사하여 주옵소서 자기의 하는 것을 알지 못함이니
이다 하시더라 저희가 그의 옷을 나눠 제비 뽑을 쌔 백성은 서
서 구경하며 관원들도 비웃어 가로되 저가 남을 구원하였으니
만일 하나님의 택하신 자 그리스도여든 자기도 구원할찌어다
하고 군병들도 희롱하면서 나아와 신 포도주를 주며 가로되 네
가 만일 유대인의 왕이어든 네가 너를 구원하라 하더라 그의
위에 이는 유대인의 왕이라 쓴패가 있더라 달린 행악자 중 하
나는 비방하여 가로되 네가 그리스도가 아니냐 너와 우리를 구
원하라 하되 하나는 그 사람을 꾸짖어 가로되 네가 동일한 정
죄를 받고서도 하나님을 두려워 아니하느냐 우리는 우리의 행
한 일에 상당한 보응을 받는 것이니 이에 당연하거니와 이 사
람의 행한 것은 옳지 않은 것이 없느니라 하고 가로되 예수여
당신의 나라에 임하실 때에 나를 생각하소서 하니 예수께서 이

르시되 내가 진실로 네게 이르노니 오늘 네가 나와 함께 낙원에 있으리라 하시니라.

상기의 말씀에 좌편강도(左便强盜)는 예수를 고소하여 십자기에 매달아 죽이려는 유대인들의 대제사장(大祭司長)들과 서기관들과 군병들을 비유하여 말씀하신 것입니다. 이들은 예수의 죄를 찾지 못하여 놓아주려는 빌라도에게 살인자(殺人者)인 바라바는 놓아주고 죄가 없으신 예수는 십자가에 못 박아 죽이라고 선동까지 하며 외치고 있는 자들입니다. 무엇 때문에 하나님을 믿고 섬기는 유대인의 제사장들(목회자들)이 살인한 죄인은 용서(容恕)하고 하나님의 일만을 행한 예수는 죽이려고 하는 것인가? 그 이유는 바라바는 세상을 요란케 하는 자이지만 예수는 유대인들의 신앙을 요란케 하는 자이기 때문입니다.

예수님께서 참 빛으로 이 세상에 오셔서 어두운 세상을 밝힐 때 그 동안 감추어져 있던 유대교의 거짓이 드러나고 제사장들의 비리와 죄성이 모두 드러난 것입니다. 이 때문에 유대인들은 바라바보다 예수를 죽일 수밖에 없는 것입니다. 만일 예수를 살려주면 유대교와 제사장(祭司長)들의 각종 비리(各種非理)가 드러나 막대한 피해(被害)를 입게

되는 것입니다. 이렇게 유대인들에게 예수는 살인을 한 강
도(强盜)보다 몇 배나 더 악한 존재이며 사탄보다 더 흉악
한 존재입니다. 그러면 본문에서 말하는 우편강도(右便强
盜)는 어떠한 강도입니까? 유대인의 대제사장들이나 서기
관들은 예수님이 의인(義人)이라는 것조차 모르고 비방(誹
謗)하며 조롱(嘲弄)을 하고 있지만 우편강도(右便强盜)는
평소에 하나님을 두려워하며 예수님을 믿고 따르는 자였으
며 또한 그동안 예수님이 행하신 의로운 일을 이미 알고 있
는 자입니다.

　이 때문에 우편강도(右便强盜)는 예수님께서 이 세상에
죄인(罪人)들을 구원하려고 오신 하나님의 아들이라는 것
을 알고 예수님을 향해 당신이 낙원에 이를 때 나도 함께
낙원에 이르게 해 달라고 간구(干求)하고 있는 것입니다.
만일 우편강도(右便强盜)가 세상의 일반적인 강도(强盜)라
면 유대인들이나 대제사장(大祭司長)들도 모르고 있는 예
수님을 어떻게 알고 있으며 또한 예수님이 의인(義人)이라
는 것과 낙원(樂園)에 이르게 할 수 있는 구원자(救援者)라
는 것을 어떻게 안단 말입니까? 이와 같이 우편강도는 십
자가상에서 죽기 직전에 순간적으로 예수를 믿고 구원을
받은 것이 아니라 지금까지 하나님과 예수님을 믿으면서

예수님의 모든 행적을 따라서 하나님의 일을 열심히 행하고 있었던 하나님의 종이라는 것입니다. 예수님은 이러한 우편강도(右便强盜)의 믿음과 신앙(信仰)을 이미 아셨기 때문에 우편강도(右便强盜)를 낙원(樂園)에 이르도록 허락하신 것입니다.

이와 같이 하나님의 우편에 있는 강도(强盜)들은 하나님의 뜻에 따라 하나님의 일을 행한 예수님이나 사도(使徒)들과 같은 존재들을 말하고 있습니다. 그런데 이러한 말씀의 깊은 뜻도 모르면서 우편강도(右便强盜)는 죽기 직전에 예수를 믿어 구원받아 천국에 갔다고 강조(强調)하면서 어느 누구나 예수를 믿기만 하면 모두 구원을 받아 천국을 간다고 말하면 그것이 곧 거짓증거요 그런 자들이 바로 오늘날의 좌편강도(左便强盜)라는 것입니다. 이제 예수님께서 다른 비유로 말씀하신 좌편강도(左便强盜)와 우편강도(右便强盜)에 대하여 마태복음을 통해서 알아보기로 하겠습니다.

[마태복음 22장 16절-22절] 자기 제자들을 헤롯 당원들과 함께 예수께 보내어 말하되 선생님이여 우리가 아노니 당신은 참되시고 참으로써 하나님의 도를 가르치시며 아무라도 꺼리는

일이 없으시니 이는 사람을 외모로 보지 아니하심이니이다 그러면 당신의 생각에는 어떠한지 우리에게 이르소서 가이사에게 세를 바치는 것이 가하니이까 불가하니이까 한대 예수께서 저희의 악함을 아시고 가라사대 외식하는 자들아 어찌하여 나를 시험하느냐 셋돈을 내게 보이라 하시니 데나리온 하나를 가져 왔거늘 예수께서 말씀하시되 이 형상과 이 글이 뉘 것이냐 가로되 가이사의 것이니이다 이에 가라사대 그런즉 가이사의 것은 가이사에게, 하나님의 것은 하나님께 바치라 하시니 저희가 이 말씀을 듣고 기이히 여겨 예수를 떠나가니라

상기의 말씀은 바리새인들이 예수를 올무에 걸리게 하려고 시험(試驗)하는 장면입니다. 바리새인들은 예수님에게 가이사에게 세를 바쳐야 하느냐 바치지 말아야 하느냐를 묻고 있습니다. 이 질문에 예수님은 셋돈인 데나리온을 가져오라고 하여 이 글과 형상(形象)이 뉘 것이냐고 바리새인들에게 묻습니다. 이에 바리새인들이 가이사의 것이라고 대답을 합니다. 이때 예수님께서 말씀하시기를 가이사의 것은 가이사에게 드리고 하나님의 것은 하나님께 드리라고 말씀하십니다. 이 말씀은 예수님께서 하나님의 백성들을 데나리온으로 비유(譬喩)하여 말씀하신 것인데 비록 하나

님의 백성들이라 하여도 그 안(심비)에 가이사의 글이 기록되어 있고 외적 형상(形象)도 가이사의 형상과 같이 만들어진 자들은 마땅히 가이사에게 드려져야 하며 하나님의 백성들 중에 하나님의 글(하나님의 말씀)이 그 심비(深秘)에 기록되어 있고 외적 형상도 하나님의 형상(形象)으로 형성된 자는 하나님의 것이니 하나님께 드리라는 말씀입니다. 이상의 말씀과 같이 하나님의 백성들을 가이사의 글(각종 교리)로 기록(記錄)하여 가이사의 형상(形象)으로 만드는 자들은 좌편강도(左便强盜)이며 하나님의 글(하나님의 말씀)을 통하여 하나님의 형상을 만들고 있는 존재들은 우편강도(右便强盜)라는 것입니다.

　　이상과 같이 좌편강도는 하나님의 백성들을 탈취(奪取)하여 그 안에 가이사의 글(비진리)을 기록(記錄)하여 가이사의 형상을 만드는 자들이며, 우편강도(右便强盜)는 좌편강도(左便强盜)들에게 탈취(奪取)당한 자들을 구원(救援)하여 그 안(심비)에 하나님의 글(하나님의 말씀)을 기록하여 하나님의 형상을 만들고 있는 자들입니다. 이러한 사건은 창세기 14장에 아브람(우편강도)이 그돌라오멜(좌편강도)에게 약탈당했던 그의 조카 롯과 재물(財物)들을 그들과 싸워서 다시 찾아 살렘왕 멜기세덱에게 드리는 사건과 같은 것입니다. 이 사건 속에서 롯과 그의 재산들을 탈취해 가는 그돌라오멜은 좌편강도(左便强盜)를 상징한 것이며, 탈취당한 롯과 그 재산들을 다시 찾아 그 중에 십분의 일을 멜기세덱에게 드리는 아브람은 우편강도(右便强盜)로 상징(象徵)하고 있는 것입니다.

이상의 말씀과 같이 십자가에서 구원받은 우편강도(右便强盜)는 세상의 물질을 도적질 하는 강도(强盜)가 아니라 영혼(靈魂)들을 구원하는 예수님과 사도들과 같은 자들을 비유(譬喩)로 말씀하고 있습니다. 이들이 바로 예수님께서 낙원(천국)에 이를 때에 함께 천국에 이르게 될 자들인 것입니다. 그런데 이러한 사실을 전혀 모르고 우편강도(右便强盜)가 십자가 위에서 순간적으로 예수를 믿는다하여 구원을 받아 천국(天國)에 갔다고 증거(證據)한다면 하나님께 큰 죄를 범하는 것입니다.

그러므로 하나님의 백성들이 천국에 가려면 하나님 우편에 서서 참 진리를 사수하며 우편강도(右便强盜)와 같이 하나님의 일을 감당해야 합니다. 그것은 곧 좌편강도(左便强盜)들에게 탈취당한 영혼들을 다시 찾아서 그 영혼들을 하나님의 말씀으로 거듭나게 하여 하나님께 드리는 것입니다. 이것이 곧 하나님께서 원하고 기뻐하시는 일이요 이런 일을 행하는 자들이 바로 하나님 우편에 있는 하나님의 일꾼들입니다.

이상의 말씀과 같이 오늘날 기독교인들도 천국에 가려면 하나님의 참 뜻과 성경적인 구원관(救援觀)을 올바로 알아서 진실(眞實)된 신앙생활(信仰生活)을 해야 합니다.

이렇게 성경적인 구원관을 따라 진실되고 올바른 신앙생활을 할 때에 우편강도(右便强盜)와 같이 모두 구원을 받아 천국(天國)에 이를 수 있는 것입니다.

의증서원 도서안내

❖ **천국 문을 여는 다윗의 열쇠 (요한계시록 해설서)**
   글/둘로스 데우 C 301쪽 /신국판 양장 정가 8.000원

❖ **천지창조의 진실과 허구**
   글/둘로스 데우 C 331 쪽 /신국판 양장 정가 15.000원

❖ **육천년 동안 창세기 속에 감추어져 있던 하나님의 비밀
   (창세기 해설서)**
   글/둘로스 데우 C 279쪽 /신국판 양장 정가 8.000원

❖ **주기도문 (주기도문 해설서)**
   글/둘로스 데우 C 293쪽 /신국판 양장 정가 13,000원

❖ **지옥문 앞에서 슬피 울고 있는 자들**
   글/둘로스 데우 C 285쪽 /신국판 양장 정가 8.000원

❖ **십계명(십계명 해설서)**
   글/둘로스 데우 C 345쪽 /신국판 각권 정가 15.000원

❖ **하늘에서 온 그리스도의 편지**
   글/둘로스 데우 C 363쪽 /신국판 양장 정가 9.500원

❖ **사랑이 머무는 곳**
   글/이명자 195쪽 /4x6(칼라)판 양장 정가 7.000원

❖ **현대불교와 기독교의 허구와 진실**
   글/둘로스 데우 C 239쪽 /신국판 양장 정가 8.000원

❖ **성경에 나타난 전생과 윤회의 비밀**
   글/둘로스 데우 C 317쪽 /신국판 양장 정가 12.000원

❖ **사와생**
   글/둘로스 데우 C 297쪽 /신국판 정가 8.000

천국문을 여는 다윗의 열쇠

요한계시록은 영적인 비유와 비사로 기록되어 있기 때문에 계시록의 비밀들이 지금까지 베일에 싸여 깊이 감추어져 있었습니다. 본서는 특히 구름타고 오시는 예수님의 실체와 세상의 종말, 그리고 천국문을 여는 다윗의 열쇠에 대하여 자세히 기록하고 있습니다.

현대불교와 기독교의 허구와 진실

본서는 수 천년 동안 인간들에게 진리의 빛으로 양대 맥을 이어오고 있는 불교와 기독교의 근본사상과 그 근원을 서술적으로 읽기 쉽고 이해하기 쉽게 풀어가고 있습니다.

육천년 동안 창세기 속에 감추어져 있던 하나님의 비밀

본서는 창세 이후 지금까지 신학자들이 풀지 못했던 창세기 속에 깊이 감추어져 있던 하나님의 비밀들을 밝히 드러내고 있습니다. 특히 천지창조의 비밀과 하나님의 백성으로 거듭나는 과정을 구체적으로 나타내고 있습니다.

주기도문(주기도문 해설서)

본 주기도문 해설서는 원어성경을 근거
로 하여 지금까지 기독교인들에게 깊이 감
추어져 있던 주기도문의 영적인 뜻과 그
비밀을 모두 드러내어 기록한 것입니다. 특
히 본서의 부록에는 성경이 말하는 예수님
의 탄생에 대하여 기록하고 있어 신앙생활
에 많은 도움을 주게 됩니다.

지옥문 앞에서 슬피울고 있는 자들

오늘날 기독교회는 예수를 믿기만 하면
모두 천국에 들어갈 수 있다고 말합니다.
그렇다면 지옥문 앞에서 슬피울고 있는 자
들은 과연 누구일까요? 본서는 성경 말씀을
통하여 천국으로 들어가는 자들과 지옥으로
들어가는 자들을 분명하게 제시하고 있습니
다.

하늘에서 온 그리스도의 편지

이 편지는 하나님께서 오늘날 이 세대
를 살아가면서 자신의 존재나 인생의 진
정한 의미를 모르고 무지 속에 죽어가는
사람들과 신앙생활을 열심히 하면서도
하나님의 뜻이나 천국으로 가는 길조차
모르고 있는 기독교인들을 위해서 보내
주신 편지입니다.

십계명(십계명 해설서)

기독교에서 버림받은 모세(율법)는 지금 어디에 계실까? 모세는 예수님이 오신 이후 기독교회들에게 장사된바 되어 지금까지 땅속 깊이 묻혀 있습니다. 이 때문에 기독교 이천년 역사속에 기독교인들 가운데 부활이 일어나지 않고 있는 것입니다. 왜냐하면 모세(율법)의 부활 없이는 예수님(진리)의 부활도 없기 때문입니다.

사랑이 머무는 곳

본 시집은 인간들이 감지할 수 없는 영적인 세계를 한편의 시에 담아 드러내고 있어 보는 자들로 하여금 많은 감동을 자아내게 합니다.

천지창조의 진실과 허구

본서에 기록된 천지창조의 비밀과 잠언, 십계명 그리고 욥기서 등 그동안 말씀 속에 깊이 감추어져 있던 영적인 비밀들을 밝히 드러내시며 하나님의 비밀들을 이렇게 공개하시는 것은 이 말씀을 통해서 지금까지 잘못된 신앙을 깨닫고 하루속히 넓고 평탄한 멸망의 길에서 좁고 협착한 생명의 길로 돌아오라는 뜻에서 입니다..

(故)이병철 회장의 24가지 질문

(영으로 기록한 답변서)

글 · 둘로스 데우 · C

초판 1쇄 2012.12.1

●

펴낸이 · 이용재   발행처 · 의증서원

●

등록 · 1996. 1. 30 제 5-524

●

서울시 동대문구 답십리 5동 530-11 의증빌딩 4층

정가 18,000원

도서출판 의증서원

전화. 02)2248-3563 . 011-395-4296 . 팩스.02)2214-9452

우리은행 : 812-026002-02-101 . 예금주: 이용재

홈페이지: www.ejbooks.com